TAYLOR SWIFT

ICON

Katy Sprinkel

Traducción de Cillero & de Motta

LIBROS CÚPULA

Publicado originalmente en inglés por Triumph Books LLC, en 2023, bajo el título *Taylor Swift: Icon*.

Diseño: Patricia Frey
Edición: Laine Morreau

Primera edición: marzo de 2024

Av. Diagonal, 662-664, 08034 Barcelona (España)
Libros Cúpula es marca registrada por Editorial Planeta, S. A.
Este libro se comercializa bajo el sello Libros Cúpula
www.planetadelibros.com

ISBN: 978-84-480-4076-5
Depósito legal: B. 20.624-2023

Impresor: TG Soler
Impreso en España – *Printed in Spain*

PEFC Certificado
Este libro procede de bosques gestionados de forma sostenible
PEFC
PEFC/14-38-00305
www.pefc.es

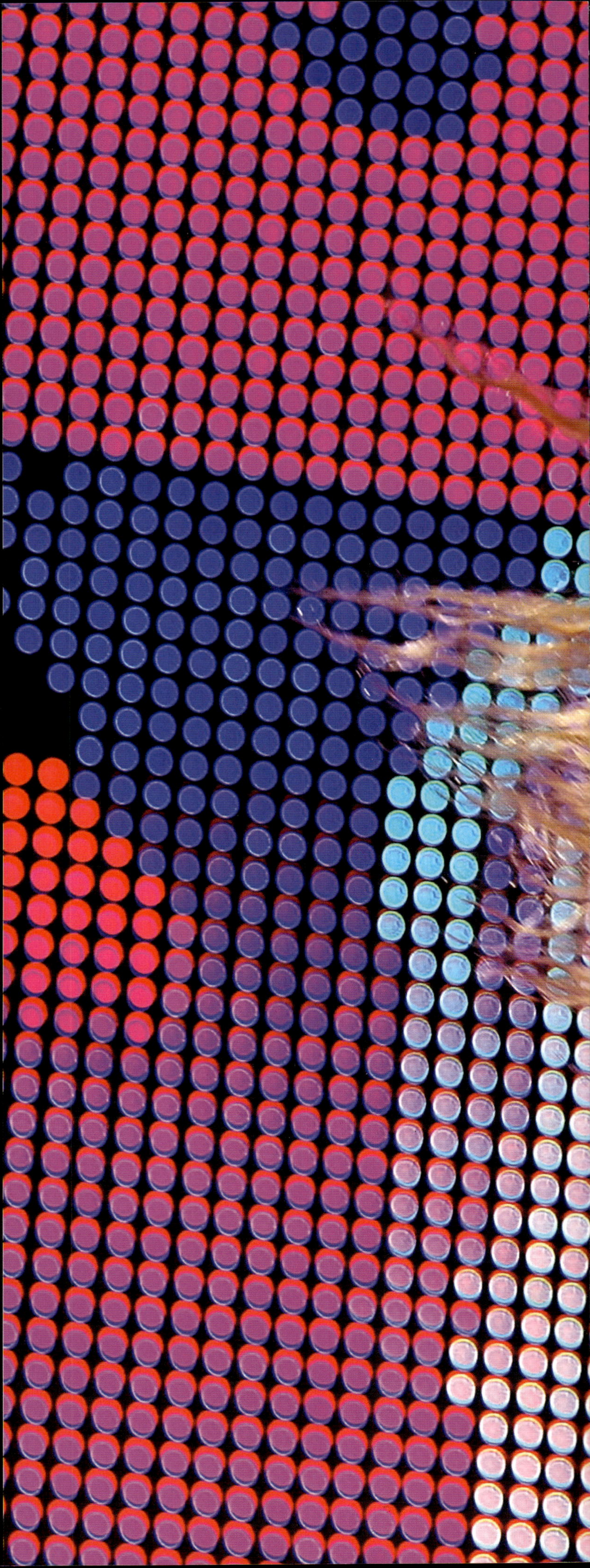

SUMARIO

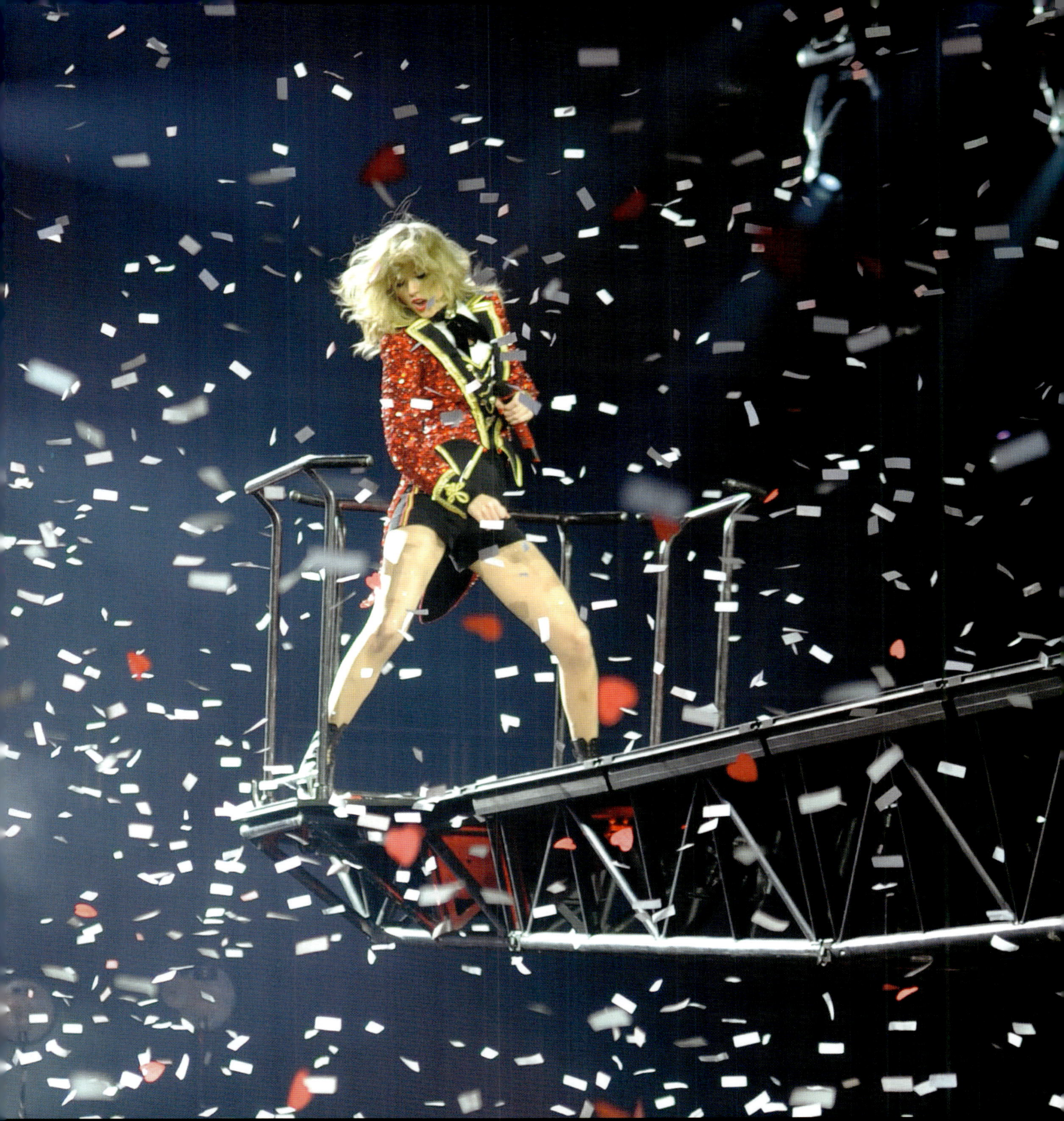

Introducción

SUPERESTRELLA

Taylor muestra su tercer Grammy al álbum del año en 2021, en esta ocasión por *Folklore*.

SUPERESTRELLA

Taylor Swift es una artista en la cima de su carrera: sus discos no dejan de batir récords y su solicitada última gira se ha convertido en la más lucrativa de todos los tiempos. Lleva tanto tiempo en activo y ha cosechado tantos éxitos que es fácil olvidar cuántos récords ha batido, premios ha recibido y techos de cristal ha hecho añicos. Es una de las mayores artistas musicales, no solo de la actualidad, sino de la historia.

Taylor es una artista consumada que llena estadios en todo el mundo, una compositora prolífica con una capacidad de reinvención asombrosa. Sabe utilizar su inmensa plataforma para hacer el bien, y no duda en poner en valor a los músicos que la rodean. Taylor es una estrella del máximo orden, una mujer polifacética que parece poder con todo.

Llegó un momento en el que era imposible imaginar qué nuevas cotas le quedaban por alcanzar. Hasta que publicó su décimo disco, *Midnights*. El álbum logró algo que jamás había sucedido desde que existen listas: ocupó simultáneamente los 10 puestos del Top 10 de Billboard. Aquí tuvieron mucho que ver los swifties, como se llaman a sí mismos los fans de la artista. En su música, Swift se muestra vulnerable, lo que le permite conectar con su público, con quien tiene una relación única.

Este libro explora diez facetas de Taylor que la convierten, de forma indiscutible, en un icono: niña prodigio, creativa, inteligente, innovadora, artista, mejor amiga, justa, influencer, fashionista y triunfadora. Tiene un talento incomparable y es una artista que lo hace todo a su manera. Esta es su historia: ¿listos para descubrirla? •

Taylor Swift en el escenario del Prudential Center el 29 de marzo de 2013 en Newark, Nueva Jersey.

Capítulo uno

NIÑA PRODIGIO

2007 fue un gran año para Taylor, en el que recibió un reconocimiento tras otro por su primer disco, *Taylor Swift*. Aquí está aceptando el premio CMT a mejor artista revelación.

NIÑA PRODIGIO

Taylor Alison Swift nació el 13 de diciembre de 1989, en un momento en el que las listas de éxitos las dominaban grandes divas del pop como Madonna y Janet Jackson. Quizá fuera inevitable que pronto se les uniera por derecho propio. Pero Taylor, que debe su nombre a James Taylor, uno de los grandes nombres de la música de los años setenta, tiene tanto de cantautora (como él) como de estrella del pop.

Su padre, Scott, era corredor de bolsa y su madre, Andrea, ejecutiva en el sector de las finanzas. Ambos profesionales de éxito, querían que Taylor lo tuviera todo a favor para alcanzar los objetivos que se propusiera. Y pensaron que ponerle un nombre andrógino le ayudaría. «A mi madre le parecía genial que, si te dan una tarjeta de visita con el nombre "Taylor", no hay forma de saber si la persona es hombre o mujer— dijo Taylor a la revista *Rolling Stone* en 2009—. Quería que me convirtiera en una persona de negocios en este mundo de negocios.»

La familia Swift vivía en un extensa propiedad de 4,5 hectáreas llamada Pine Ridge Farm, repleta de gatos callejeros y un establo con siete caballos. El vivero de árboles de Navidad aportaba a la familia unos ingresos extra en el invierno y, para la joven Taylor, era el paraíso. «[Aquella] pequeña granja— recordaba Swift—, era el lugar más grande del mundo para mí. Y también el más mágico y maravilloso.»

Dos años más tarde, en 1992, Taylor tuvo un hermano, Austin. Andrea decidió dedicarse a tiempo completo a Taylor y a Austin y, en 1997, la familia se trasladó del campo a la ciudad. Se mudaron al tranquilo municipio de Wyomissing, en Pensilvania, un suburbio acomodado de Reading.

12

Un técnico informático que estaba arreglando el ordenador de la familia enseñó a Taylor un puñado de acordes de guitarra, y Taylor compuso su primera canción, «Lucky You», a los 12 años. ¡Qué suerte que los Swift tuvieran problemas informáticos!

La creatividad de Taylor y sus dotes para la escritura se dieron a conocer a una edad temprana. Cuando tenía diez años ganó un concurso nacional de poesía con un poema largo titulado «Monster in My Closet» (El monstruo en mi armario). También se propuso escribir novelas, algo poco habitual en una niña de primaria. Las palabras brotaban de su interior. «Creo que me enamoré de las palabras antes que de la música— le contó a Katie Couric, de la cadena de televisión NBC—. Quería hablar todo el tiempo, y que me contasen historias.»

Swift empezó a asistir a un programa local de teatro infantil cuando iba a primaria, e incluso realizó clases de interpretación y canto en Nueva York. Era habitual que la familia hiciera el trayecto de dos horas y media hasta la ciudad para asistir a funciones en Broadway. El teatro se le daba bien, y obtuvo papeles protagonistas en producciones locales: fue Sandy en *Grease*, Maria en *Sonrisas y lágrimas* y Kim en *Un beso para Birdie*.

Taylor sentía que cantar le permitía expresarse de una forma que nunca había experimentado. Cuando tenía unos diez años, un

«En Nashville, los ejecutivos de las discográficas [me dijeron] que solo las amas de casa de treinta y cinco años escuchaban música *country* y que no había sitio para una niña de trece años.»

TAYLOR EN LA UNIVERSIDAD DE NUEVA YORK EN 2022

amigo de sus padres le sugirió que probara suerte con la música *country*. Algo en ella hizo «clic»: era lo que quería. «Creo que me di cuenta de que quería dedicarme a la música *country* y ser artista cuando tenía diez

Una familia unida: Taylor con sus padres, Scott y Andrea, en 2013.

años. Obligaba a mis padres a que me llevaran a todos los festivales, ferias y concursos de karaoke que encontraba», declaró Swift a *American Songwriter*.

Taylor tenía unos básicos en su repertorio, pero su canción favorita era el himno de las Dixie Chicks «Goodbye Earl», una deliciosa balada de venganza protagonizada por dos mejores amigas.

La joven Taylor era muy competitiva en todo lo que hacía, ya fuera montar a caballo, escribir o cantar. Buscó concursos en los que participar y noches de karaoke en las que actuar. Le interesó un concurso en Pat Garrett Roadhouse, situado en la localidad cercana de Strausstown (Pensilvania). El ganador actuaría como telonero de un gran grupo de *country* (el dueño del local, Garrett, también tenía una sala de conciertos en la que actuaban muchos artistas de *country* de renombre). Taylor participó en el concurso casi todas las semanas hasta que, a los once años, lo ganó y pudo ser la telonera de Charlie Daniels, icono de la música *country*.

Pero ganar concursos de karaoke para telonear a otros artistas no era la forma más eficaz de darse a conocer. Gracias a la ayuda de su familia, Taylor empezó a interpretar el himno nacional en diferentes lugares; empezó a cantar «The Star-Spangled Banner» en eventos deportivos locales, y pronto llegó a algunos de los mayores escenarios deportivos de Filadelfia, como los partidos de los 76ers y los Phillies.

¿SABÍAS QUE...?

Taylor lleva la música en la sangre. Su abuela materna, Marjorie Finlay, fue una cantante de ópera de fama internacional. Taylor la considera su primera y principal inspiración en su carrera como cantante. «Verla cantar [en la iglesia] cada semana me ayudó a pensar que ponerse delante de la gente no era para tanto», recuerda Taylor. Uno de los temas de su disco *Evermore*, «Marjorie», es un homenaje a la ya fallecida abuela, pues incluye coros cantados por ella.

Marjorie Finlay en 1949. Foto de archivo de la Universidad Lindenwood.

Capítulo uno

NIÑA PRODIGIO

Taylor tenía un talento innegable que solo iba en aumento. Pronto quedó claro que aquellos escenarios le quedaban pequeños, y puso la mira en Nashville. La familia viajó a la «ciudad de la música» y Taylor empezó, literalmente, a llamar a cada puerta de Music Row mientras su madre la esperaba en el coche. «Les decía: "Hola, soy Taylor. Tengo once años. Quiero que me hagáis un contrato discográfico. Este es mi número"», declaró a *Entertainment Weekly*. La rechazaron muchas veces, y le dieron algunos consejos desconcertantes, pero no se rindió.

Taylor tenía la pasión y la voz, pero sabía que aún necesitaba más. Para ayudarla a cumplir su sueño, la familia se trasladó a Hendersonville (Tennessee), a unos 30 kilómetros de Nashville. Allí, aprendió a tocar la guitarra y se tomó aún más en serio la composición de canciones. Actuaba a cada oportunidad que se le presentaba e intentaba que la viera el mayor número posible de personas de la industria musical.

Su trabajo y perseverancia acabaron dando sus frutos: Sony le ofreció un contrato como compositora (a los catorce años, se convirtió en la compositora más joven de la historia) y RCA Records, otro para grabar su propio disco. Estaba encantada de haber conseguido el contrato que tanto ansiaba,

Cantando el himno nacional antes del partido entre Los Angeles Dodgers y los Colorado Rockies el día inaugural en el Dodger Stadium el 9 de abril de 2007.

TORREALBA
8
FINLE
12

pero pronto descubrió que ella y RCA tenían ideas distintas. La que más los dividía era que el sello quería que grabara versiones de otros artistas en lugar de composiciones propias. Taylor confiaba en su talento y, animada por sus avances como compositora en Sony, tomó la difícil decisión de no seguir adelante con el contrato con RCA.

Swift sentía que tenía todo lo necesario para triunfar, y no era la única que lo veía así. Poco después de la rescisión del contrato con RCA, se cruzó con el productor Scott Borchetta, que acababa de crear su propio sello, Big Machine Records. «Sentí como si me atravesara un rayo», declaró Borchetta a *Billboard* en 2016 al recordar su primer encuentro. Fichó a Taylor de inmediato y la puso a trabajar en la composición de lo que acabaría siendo su primer disco, el homónimo *Taylor Swift*.

Su single de debut, «Tim McGraw», acaparó las miradas y, con solo dieciséis años, entró en el top 10 de las listas *country* de Billboard. Lo que parecía una historia de éxito fulminante no lo era en absoluto; era el producto de años y años de dedicación y esfuerzo. Y no había hecho más que empezar. •

HITSTORIA: Tim McGraw

Surgida de la angustia tras una ruptura adolescente, esta canción es un sentido adiós a un amor perdido. Y es posible que sea la única concebida durante una clase de matemáticas en llegar a las listas de éxitos. «La idea de la canción me vino porque estaba saliendo con un chico. Pero él se mudó y lo nuestro se iba a acabar, —contó Taylor a *The Boot*—. Así que empecé a pensar en cosas que sabía que le recordarían a mí. Y lo primero que se me ocurrió fue que mi canción favorita es una de Tim McGraw. Cuando salí de clase, fui al centro de la ciudad, me senté al piano y la compuse en 15 minutos con [la cocompositora] Liz Rose, —continuó Swift—. Puede que fueran los mejores 15 minutos de mi vida.»

Las superestrellas del *country* Tim McGraw y Faith Hill han sido grandes inspiraciones para Taylor. En 2018 los invitó a actuar en su gira Reputation. En la imagen, se ve a Taylor y a la pareja durante la prueba de sonido.

Capítulo dos
CREATIVA

Taylor interpreta la versión de 10 minutos de «All Too Well» en la gala de los premios NSAI Nashville Songwriter Awards de 2022.

Cuando eres una artista de éxito, siempre hay cosas que hacer. Y si tienes tanta repercusión como Taylor, las responsabilidades de una megaestrella tiran de ti en un millón de direcciones diferentes. A Taylor, componer le sirve para sentirse anclada, y es lo que más le gusta hacer.

«Es la parte más pura de mi trabajo, —declaró a *Harper's Bazaar*—. Aunque las cosas se compliquen en otros aspectos de mi vida, escribir canciones sigue siendo el mismo proceso sencillo que era cuando tenía doce años».

A diferencia de otros artistas, no guarda secretos sobre cómo compone su música. Todo lo contrario: mantiene una comunicación constante con sus fans y cuenta sin tapujos cómo funciona su mente musical. En sus redes sociales, abre a menudo pequeñas ventanas a su proceso creativo: comparte vídeos, notas de voz, algunas de sus letras, y mucho más.

Ante todo, Taylor quiere que su trabajo sea lo mejor posible. Prueba constantemente cosas nuevas para ver qué funciona mejor. Si un tema no funciona, es capaz de cambiarle la letra en el último segundo, o eliminar todo lo que no le convence. Puede dedicar todo el tiempo del mundo a una palabra del estribillo y modificar la entonación una y otra vez hasta dar con la perfecta. Sus temas transmiten la alegría que le produce la creación, con todo su caos y desorden. «Es divertido. Actuamos por impulsos en todo momento. Y también actuamos por intuición y por emoción, y gracias a cantidades ingentes de cafés con bebida de avena», declaró en 2022 a *The New York Times*.

13

Abajo la triscaidecafobia: ¡el 13 es el número de la suerte de Taylor! «Nací un 13 de diciembre, cumplí 13 años un viernes 13, toqué [por primera vez] en el programa de Jay Leno un 13 de febrero, y mi disco se convirtió en disco de oro en 13 semanas», declaró Taylor a la revista *Unrated* en 2006. La lista del 13 de la suerte de Taylor sigue sumando ocasiones.

La idea de la que surge una canción puede llegar en cualquier momento, así que Taylor tiene un par de estrategias infalibles para aprovechar los momentos de inspiración. Tanto en casa como de viaje, nunca está lejos de un piano o una guitarra con los que improvisar y componer melodías. ¿Su otra arma secreta? Su teléfono. Cuando le llega la inspiración, lo primero que hace es buscar su teléfono y grabar una nota de voz cantando el gancho o un fragmento de una melodía. O escribir el verso que le haya venido a la cabeza. También utiliza el móvil para guardar ideas aleatorias

Taylor posa con sus colaboradores habituales Jack Antonoff (izquierda) y Aaron Dessner (derecha) durante la gala de los premios Grammy de 2021.

todavía sin contexto. Le gusta mucho leer, y ha compilado listas de palabras que despiertan su interés.

Taylor también conserva fragmentos de conversaciones que oye por ahí y frases que, con un pequeño retoque, podrían convertirse algún día en una de sus canciones. «Hay veces que una serie de palabras me atrapa y soy incapaz de concentrarme hasta que no la he grabado o escrito», explicó a los estudiantes de la Universidad de Nueva York cuando pronunció el discurso de graduación en 2022.

Cada canción toma un camino diferente. A veces, toda la canción viene de vez, como una ola gigante. Otras, le puede llevar años desarrollar una idea. Taylor tardó menos de media hora en componer «We Are Never Getting Back Together» y «Tim McGraw»; «All Too Well», en cambio, le llevó años.

El proceso de composición es efímero, difícil de explicar. Y, en palabras de Taylor, parece casi mágico: «Nunca he sabido explicar del todo qué es componer una canción. Solo puedo decir que es como si tuvieras una nube

HITSTORIA: «All Too Well»

Aunque duela en el momento, a veces el mejor arte surge cuando nos rompen el corazón. «La empecé a componer un día [de 2012] en el que me sentía completamente rota por dentro. Me dirigí al ensayo, sintiéndome fatal por lo que estaba viviendo en mi vida personal, —dijo Taylor en un pódcast de *Rolling Stone* en 2020—. Empecé a tocar los mismo cuatro acordes una y otra vez, y los músicos se unieron. Todos empezaron a seguirme la corriente; creo que se dieron cuenta de lo mal que lo estaba pasando. Empecé a cantar y a hacer *riffs* y a improvisar la letra de aquella canción, que se convertiría en "All Too Well" [de *Red*].» Uno de los temas favoritos de sus fans, la versión ampliada de 10 minutos que aparece en *Red (Taylor's Version)* alcanzó el número 1 en las listas Billboard en 2022, diez años después de su lanzamiento original. Aunque nunca ha confirmado a quién tenía en mente cuando la compuso, se ha convertido en un himno de ruptura para toda una generación.

NILS SJÖBERG

¿Quién es el misterioso sueco que compuso el *megahit* de 2016 de Calvin Harris y Rihanna «This Is What You Came For»? Durante años, los swifties especularon que era, en realidad, la propia Taylor, que por aquel entonces salía con Calvin Harris. Además, sonaba como una canción de Taylor Swift... ¿o no? En 2020, Taylor dio la razón a los detectives de internet y confirmó que había participado en el tema en una entrevista publicada en *Rolling Stone*. Como tantas otras veces, se había grabado interpretando la melodía al piano en una nota de voz. Se la envió a Harris, y ambos estuvieron de acuerdo en que sería un *hit*. Pero este no era el primer crédito como compositor de Sjöberg: Taylor ha utilizado este seudónimo para componer temas de artistas como Sugarland, Little Big Town, B.o.B., Boys Like Girls e incluso la ficticia Hannah Montana. «Creo que el seudónimo se empieza a utilizar cuando tu trabajo te sigue apasionando y no quieres que lo eclipse [...] lo que la gente ya sabe de ti», declaró *a Rolling Stone*. Y hablando de seudónimos: no dejes de echar un vistazo a los créditos de los discos de Taylor. William Bowery, que figura como cocompositor tanto en *Folklore* como en *Evermore*, no es otro que su entonces pareja Joe Alwyn.

brillante delante y la agarraras en el momento exacto. Una vez que lo has hecho, vuelves a lo que ya sabes sobre la estructura de una canción, y lo utilizas para rellenar los huecos», declaró a *The New York Times*.

Como creadora, está siempre atenta a elementos que le sirvan de inspiración. Compuso «Ronan» después de leer el ensayo de una madre sobre su hijo enfermo de cáncer. «Tolerate It», por su parte, se inspira en la novela gótica *Rebeca*, de Daphne du Maurier. Bibliófila empedernida, Taylor ha encontrado en muchas ocasiones la chispa necesaria para sus canciones en la literatura: en sus letras se pueden encontrar alusiones a Shakespeare («Love Story»), Dickens («Getaway Car»), Charlotte Brontë («Invisible Strings») y muchos otros autores.

Por supuesto, también se la conoce por haber escrito canciones sobre sus propias vivencias. «Utilizo la música para entender lo que siento. Me ha acompañado toda mi vida y me ha servido como un filtro para que las emociones complicadas se volvieran simples», declaró a *Songwriter Universe*.

Taylor afirma que la música no solo es una forma de procesar sus sentimientos, sino que le da una plataforma desde la que decir lo que quiere de la manera más elegante y directa posible. «Lo sigo haciendo porque es como lanzar un mensaje en una botella», dijo a *The New York Times*.

«Lo metes en la botella y la lanzas al océano y, quizá, algún día la persona sobre la que hablas en la canción la escuche y entienda cómo te sentías [...] Es una forma de transmitir un mensaje de una forma más real de lo que tuviste el valor de hacer en persona.»

La honestidad de sus canciones es algo que encanta a sus fans, pero que le ha traído problemas. Durante un tiempo, parecía que a los medios de comunicación les interesaba más saber sobre cuál de sus ex estaba hablando que la música en sí. Con el paso de los años, Taylor se empezó a frustrar por que la consideraran una artista que solo sabía explotar sus relaciones para componer canciones. Esto la motivó para seguir esforzándose y componer temas como «Blank Space» y «Vigilante Shit», respuestas directas a ese tipo de críticas. Pero también la llevó a crear discos con un mayor componente narrativo como *Folklore* y *Evermore*, ambos surgidos durante la pandemia.

> «Para ser creativo hace falta inspiración, ese momento en el que la idea llega como un relámpago, pero también la capacidad de trabajo que te hace sentarte y escribir.»
>
> **TAYLOR PARA VOGUE**

A lo largo de su carrera, a Taylor la han acompañado en su proceso creativo innumerables productores, cocompositores e ingenieros de sonido. Como cualquier artista, ha desarrollado una relación particular con algunos de estos colaboradores: en sus inicios con la cocompositora Liz Rose y, en tiempos más recientes con Aaron Dessner, productor y líder del grupo The National, con quien ha trabajado en los discos *Folklore* y *Evermore*. También tiene una relación especial con Jack Antonoff, que ha producido sus últimos cinco álbumes de estudio, empezando por *1989* en 2014.

«Cuando compone, la emoción y exuberancia [de Jack] resulta contagiosa, —dijo Taylor a *The New York Times* en 2017—. Es

Taylor suele sentarse al piano para trabajar ideas en el desarrollo de las canciones.

una absoluta delicia. Por eso todo el mundo lo quiere. Yo, personalmente, no me fiaría de alguien que no lo hiciera.»

Antonoff, más conocido por pertenecer a grupos como Fun. Bleachers, atribuye a Taylor el mérito de haber abierto las puertas de su carrera como productor. «Llevaba tiempo queriendo producir, pero siempre había alguien de la industria que me decía: "Qué adorable, pero ese no es tu sitio", —declaró al *New Yorker* en 2022—. Taylor fue la primera persona que dijo: "Me gusta cómo suena esto, lo voy a poner en mi disco". Y entonces, de repente, pude ser productor.» Es innegable que Taylor y él hacen una música preciosa juntos.

Sus diez discos (entre los que se incluyen los dos que nos regaló durante la pandemia) son una prueba irrefutable de algo que cualquiera que no viva debajo de una roca ya sabía: Taylor nació para la música. Es lo que la impulsa, lo que alimenta su alma y, en última instancia, lo que más feliz le hace.

«Existe esta idea preconcebida de que los artistas tienen que ser desgraciados para que sus obras sean buenas, de que el arte y el sufrimiento van de la mano, —reflexionó en una entrevista publicada en *The New York Times* en 2022—. Me alegra mucho haber descubierto que no es así.» •

Capítulo tres

INTELIGENTE

Vestida de traje en el Festival de Cine de Sundance para el estreno de *Miss Americana* en 2020.

INTELIGENTE

Nada de «girlboss»; Taylor Swift es una jefa y punto. Es una de las artistas de mayor éxito de todos los tiempos. Sus últimos ocho discos han debutado en el número 1 de las listas, y la mayoría de ellos ha superado el millón de copias vendidas en su primera semana. Su último trabajo, *Midnights*, alcanzó las cifras más altas hasta la fecha: se vendieron 1,578 millones de copias en su primera semana, el mayor lanzamiento de un disco desde *25* de Adele en 2015, según *Billboard*. Bloomberg cifra las ganancias de la discográfica Universal en 230 millones de dólares.

Unos seis años antes en 2018, Swift abandonó Big Machine tras una prolongada lucha por los derechos de los másters de sus grabaciones que se saldó con la venta de los mismos por parte de la discográfica. «Pasé años pidiendo, suplicando que se me permitiera ser la dueña de mi propio trabajo, —escribió en las redes sociales—. Pero lo que único que me ofrecieron fue un nuevo contrato con Big Machine Records con el que me "ganaría" uno de mis discos por cada nuevo que entregara. Me marché porque sabía que, en cuanto firmara el contrato, Scott Borchetta vendería el sello y, con él, a mí y a mi futuro. Tuve que tomar la durísima decisión de dejar atrás mi pasado.»

570
millones de dólares
Es el patrimonio neto de Taylor en 2022 según *Forbes*.

Y así fue: en 2019, Borchetta vendió el sello y el catálogo de obras de Taylor por 300 millones de dólares. Taylor firmó un nuevo contrato con Universal que estipulaba que la propiedad de sus másters, empezando por *Lover*, seguiría siendo suya. Ahora que su música estaba de repente en manos de un inversor privado, el conocido supermánager Scooter Braun, Taylor estaba desesperada: «Para mí, la definición de privilegio masculino tóxico en nuestra industria es que la gente te diga: "Pero si siempre ha sido bueno conmigo" cuando les planteas preocupaciones válidas sobre los artistas y su derecho a ser dueños de su música. Hay una razón obvia por la que esa persona se portó bien contigo; si estás en esta sala, tienes algo que necesita, —dijo Taylor en el evento de Billboard Women in Music, en 2019—. Su capital le ha permitido pensar, según sus propias publicaciones en las redes sociales, que podía "comprarme". Pero no me voy a quedar callada.»

Taylor no solo mostró su enfado, sino que se vengó regrabando toda su discografía. «Yo había sido quien compuso las canciones en primer lugar; podía volver a hacerlo», declaró en *Late Night with Seth Meyers*.

En 2021 publicó *Fearless (Taylor's Version) y Red (Taylor's Version)*. Ambos trabajos debutaron en el número 1 de las listas *Billboard*. Taylor tiene tal influencia en la industria que convenció a iHeartRadio, la emisora de radio más importante de Estados Unidos, para que dejara de utilizar las grabaciones antiguas y pusiera en su lugar las nuevas versiones regrabadas. También ha trabajado en la *Taylor's version* de *Taylor Swift*, *Speak Now* y *Reputation*.

«Taylor Swift es un genio de la economía», dijo Alan Krueger, expresidente del Consejo de Asesores Económicos de la Administración Obama y autor de *Rockonomics*, en el que explica los cambios que está atravesando la industria musical. Hace años, los ingresos de los artistas provenían principalmente de la venta de discos. Pero a medida que las discográficas iban aumentando su porcentaje, las giras se convirtieron en la principal fuente de ingresos de los artistas.

Taylor actúa ante más de 53.000 espectadores en el estadio de los Cowboys durante una parada de su gira de 2013 en Arlington (Texas).

Y quizá nadie haya sabido aprovechar el poder de las giras como Taylor. Lo dejó muy claro con su gira Reputation, que batió todos los récords existentes, y lo ha superado con su gira de 2023, el Eras Tour, del que han hecho incluso un documental.

Como pusieron de manifiesto los recientes problemas con Ticketmaster, la demanda de entradas por parte de los swifties es imbatible.

Si tenemos en cuenta que la mayor parte de los ingresos de un músico proceden de los ingresos por conciertos, que incluyen la venta de entradas y *merchandising*, parece asombroso que, sin haber actuado ni una sola vez aquel año, Taylor estuviera en el puesto 25 de la lista *Forbes* de los artistas mejor pagados en 2022. Ese mismo año, también era una de las primeras en la lista de mujeres más ricas de menos de cuarenta años.

Otra gran fuente de ingresos de Taylor es la publicidad. Está de lo más solicitada y ha firmado acuerdos con grandes marcas como Starbucks, Peloton, Apple, UPS y Coca-Cola. Además, tiene un acuerdo promocional con Target, la cadena de grandes almacenes que vende una edición especial de todos sus ál-

HITSTORIA: «The Man»

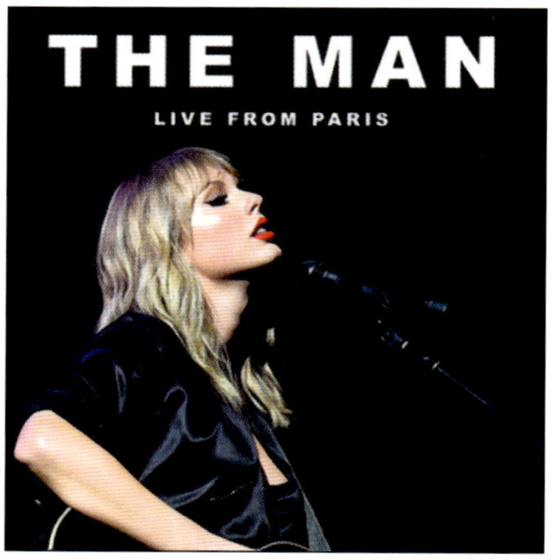

En «The Man», Taylor asesta un duro golpe al patriarcado. La ha descrito como un experimento en el que se pregunta cómo habrían descrito su carrera los medios de comunicación y cómo la habrían tratado si fuera hombre. «Si hubiera tomado las mismas decisiones, cometido los mismos errores y alcanzado los mismos logros, ¿cómo lo habrían plasmado?», declaró a *Vogue*. Todo es cierto pero es que, además, la canción es un temazo. «Hay una razón por la que quería que fuera pegadiza, —confesó Taylor a *Billboard* tras su lanzamiento—. Quería que se quedara grabada en la cabeza de la gente, [para que] no se pudieran sacar de la mente mi canción sobre la desigualdad de género. Me encantó.»

Taylor posa con sus compañeras embajadoras de Cover Girl (de izquierda a derecha) Ellen DeGeneres, Drew Barrymore, Dania Ramírez y Queen Latifah.

Taylor con sus zapatillas Keds en un acto promocional en Nueva York, en 2015.

bumes. Estas ediciones tienen contenido exclusivo que no se puede conseguir en ningún otro lugar.

El patrimonio de Taylor es, cuando menos, impresionante. No tiene uno, sino dos *jets* privados. Según *Elle Decor*, el valor de sus propiedades inmobiliarias supera los 80 millones de dólares. Entre ellas destacan su finca junto al mar en Westerly, Rhode Island (donde celebraba sus épicas fiestas del 4 de julio); su mansión de Beverly Hills de más de mil metros cuadrados (que en su día perteneció al productor de cine Samuel Goldwyn, la «G» de MGM); su refugio privado en Nashville; y varias propiedades en los barrios neoyorquinos de Tribeca y West Village.

Pero si ha tenido más éxito del que había soñado, no ha sido una cuestión de suerte. «No hay nadie tan buena y que trabaje tanto como ella», afirmó Jack Antonoff, colaborador y amigo desde hace tiempo. De hecho, la capacidad de trabajo de Taylor es legendaria.

Taylor es una feminista declarada y defiende que, en muchas ocasiones, a las mujeres se les exige mucho más que los hombres. «Las mujeres artistas que conozco se han reinventado veinte veces más que los hombres. Tenemos que hacerlo; si no, te quedas sin trabajo, —dijo en su documental *Miss Americana*—. La necesidad de reinventarse constantemente, encontrar nuevas facetas de uno mismo que interesen a la gente es un doble rasero en una industria conocida por lo exigente que puede llegar a ser»,explica Taylor.

«Swift no es solo una gran compositora: es un genio del *marketing* sin parangón.»

FORTUNE

Sabiendo esto, no es de extrañar que sus discos posteriores a su etapa en Big Machine aborden sin tapujos la polémica con la discográfica. De hecho, es el tema principal de canciones como «My Tears Ricochet», de *Folklore*, en la que dice «(Y cuando no puedes dormir / Escuchas las nanas que me robaste». También lo aborda en «Vigilante Shit» de *Midnights* y en «The Man» de *Lover*, canción en la que se plantea cómo habría reaccionado el público al devenir de su carrera si hubiera sido un hombre y no una mujer.

Pero a medida que pasa el tiempo, está claro que ya no es solo una artista femenina en un mundo de hombres. Como dijo nada menos que la pionera Barbara Walters, «Taylor Swift *es* la industria musical». •

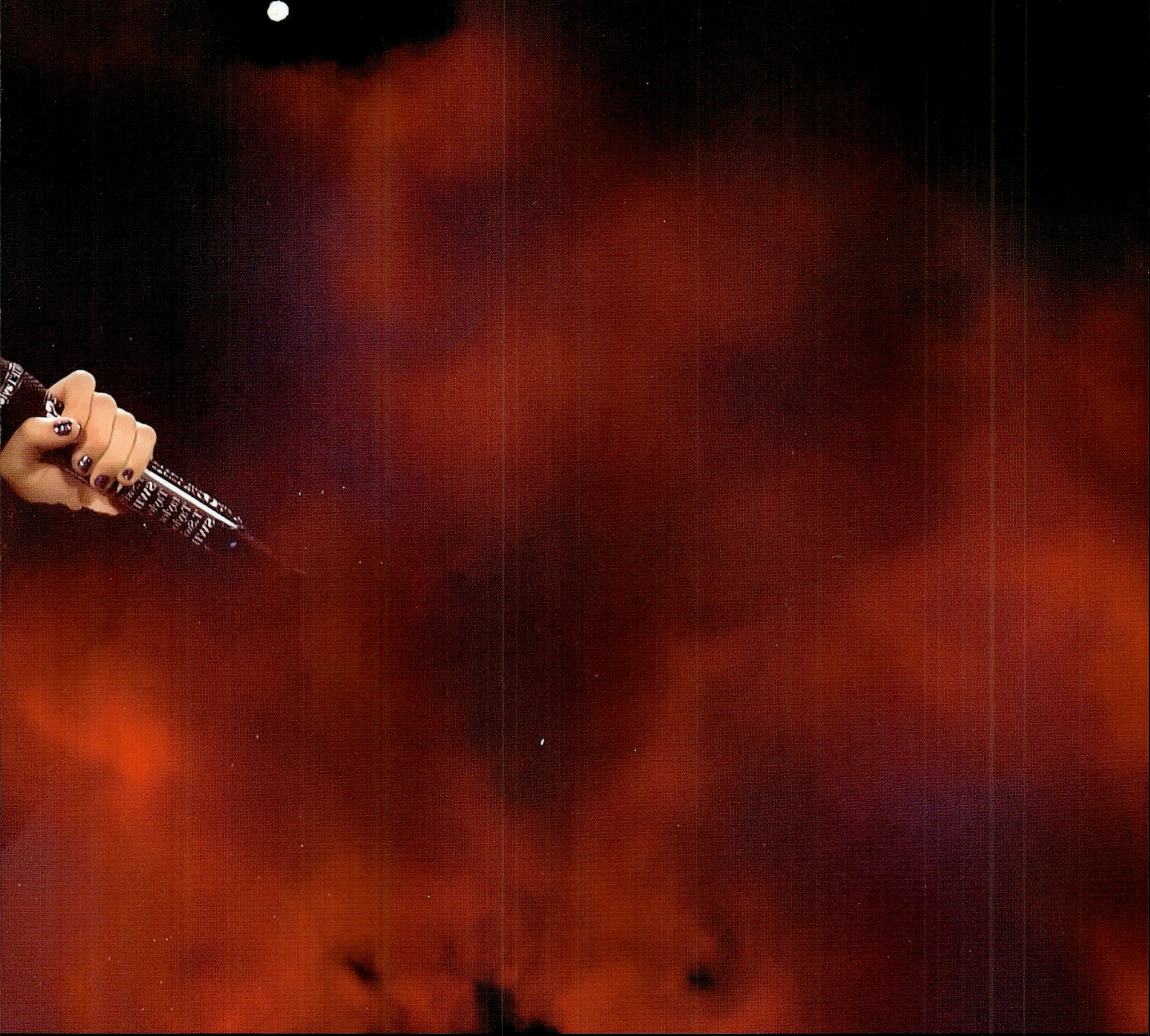

Capítulo cuatro

INNOVADORA

Innovadora por naturaleza, Taylor no pierde de vista el futuro.

INNOVADORA

La educación musical de Taylor comenzó a una edad temprana y, como en tantos otros casos, todo empezó con la música que escuchaban sus padres. Sus influencias eran diversas: rockeros como Def Leppard, iconos del *country* como Patsy Cline y Tammy Wynette, estrellas del *country* moderno como Shania Twain y Faith Hill, y cantautores como James Taylor y Carole King.

Había algo en la música *country* que hacía que se sintiera identificada: «Creo que lo que me atrapó fue su capacidad narrativa», explicó a *Blender*. Narradora nata, su música se ha basado desde un primer momento en contar historias. Y, a pesar de sus constantes innovaciones, la forma en que cuenta historias sigue siendo el hilo conductor de su música.

> «He aprendido que la diferencia entre quienes son capaces de crear un clima [tóxico y quienes no] se suele reducir a esto: aquellos que dejan que el escrutinio los doblegue y aquellos que siguen haciendo arte.»
>
> **TAYLOR, EN SU DISCURSO DE AGRADECIMIENTO DEL PREMIO A MUJER DE LA DÉCADA DE *BILLBOARD* EN 2019**

Como artista, Taylor supera constantemente las expectativas: está siempre en busca de algo más, mejor, diferente. Cambiar de género musical puede ser arriesgado para un artista. Si experimentas demasiado, tus fans quizás te abandonen. Y si no cambias lo suficiente, te acusarán de ser aburrido. Taylor ha sabido manejar estos cambios de forma magistral. Tiene una capacidad de reinvención única y unas influencias musicales diversas y profundas, a la vez que en constante expansión. Ambos hechos dan fe de su autenticidad como artista y de su compromiso con su arte.

Se podrían dedicar varios volúmenes a analizar la música de Taylor, pero aquí encontrarás un buen repaso de cada uno de sus discos, con sus respectivos estilos musicales.

Taylor publicó su primer disco cuando era adolescente y aquel álbum, *Taylor Swift*, podría leerse como un diario. En él, los oyentes escuchaban de primera mano la angustia y esperanza que salpicaron aquella época. Destacan dos temas, que muestran con hábil precisión dos caras opuestas de una ruptura: «Tim McGraw», una despedida agridulce a una relación perdida, y «Picture to Burn», que es más bien un furioso «vete de aquí». El álbum la convirtió al instante en la protegida del mundo de la música *country*.

En *Fearless* siguió mostrando su talento como compositora. Fue el álbum que la dio a conocer, con éxitos que se adentraban en el pop como «Love Story» y «You Belong with Me». De repente, todos sabían quién era la chica de melena rubia rizada, botas de *cowboy* y guitarra con purpurina. La crítica también se fijó en ella: ganó cuatro premios Grammy, entre ellos al álbum del año.

Speak Now hizo que Taylor llegase aún más lejos. Es el primer disco en el que no trabajó con cocompositores; todas las canciones del disco las compuso ella. También se esforzó en reforzar su voz, que brilla tanto en las baladas románticas como en los himnos pop.

El emotivo quinto disco de Taylor, *Red*, ofrecía otra visión del desamor en todo su terrible esplendor, de una forma más vívida que nunca. En esta ocasión, la prensa sensacionalista la destrozó por ello.

Esta reacción la impulsó a cambiar por completo de tercio y grabar *1989*, un disco completamente pop, sin rastro de *country*. Está repleto de éxitos, entre los que destacan temas como «Shake It Off» y «Blank Space», en los que se burla del odio recibido. En 2019, Taylor declaró que las críticas la impulsan a seguir esforzándose y demostrar que la gente se equivocaba: «Decidí que me convertiría en aquello que me decían que no podía ser».

Reputation iba un paso más allá. Era su propia declaración de independencia: con

HITSTORIA: «Lover»

Como le ha sucedido con muchas otras de sus canciones, la idea de «Lover» le llegó de repente. En mitad de la noche, saltó de la cama para grabar un estribillo que no se podía sacar de la cabeza, casi idéntico al de la versión final. En una conversación con *The New York Times* explicó a la perfección lo que quería transmitir con el tema: «Llevo años pensando que me gustaría tener una canción al ritmo de la cual dos personas enamoradas quisieran [...] bailar. En mi mente serían las dos últimas personas en la pista de baile, solos a las 3 de la mañana, balanceándose». La instrumentación ligera y percusión apagada crean el ambiente ideal, perfecto para una pareja que se siente como si fueran las únicas dos personas en el mundo.

Taylor en el Stagecoach Festival en 2008.

este disco, dejaba definitivamente atrás los grilletes de la crítica tóxica. Taylor se apropió de la caricatura que hacían de ella los medios de comunicación y compuso un disco cortante y desafiante, con una saludable dosis de venganza. Ya no quedaba rastro de la Taylor romántica vestida de gasa de antaño; esta nueva Taylor era descarada, audaz y no temía a la batalla.

Tras la declaración de intenciones de *Reputation*, *Lover* constituyó otro giro de guion. Sus canciones van desde la íntima y sensual canción que le da título hasta la efervescente «You Need to Calm Down», un canto contra la intolerancia. En una entrevista con *Vogue*, Taylor describió el disco como «una carta de

UNA CUESTIÓN DE TINTA

En su discurso de agradecimiento del premio a la Artista/Compositora de la Década de los premios Nashville Songwriter Awards de 2022, Taylor dividió su estilo de composición en tres categorías, cada una de las cuales se escribe con un tipo de bolígrafo diferente.

El primer tipo de canciones se escriben con **estilográfica** y crean «una imagen vívida de una situación, que incluye hasta la pintura desconchada del marco de la puerta y el polvo de incienso de la estantería de vinilo». Profundizar en los detalles para dar color a sus historias es una práctica habitual de Taylor, como demuestran canciones que van desde «Our Song» hasta «All Too Well» o «Lavender Haze».

El segundo tipo de canciones se escriben con **pluma**. Entre ellas encontramos «Love Story», de inspiración shakesperiana, en la que «las palabras y modismos suenan anticuados», como «una carta escrita por la bisabuela de Emily Dickinson mientras bordaba una cortina».

Y la última categoría la componen canciones escritas con **bolígrafos de gel con purpurina**, temas pop como «Shake It Off»: «Son frívolas y despreocupadas, te hacen saltar y tienen un ritmo alegre. A las letras escritas con bolígrafos de gel con purpurina no les importa que no te las tomes en serio, porque ni siquiera ellas mismas lo hacen [...] Son lo que necesitamos de vez en cuando en estos tiempos tan tensos en los que vivimos».

En su actuación en la gala de los American Music Awards de 2019, Taylor se despojó de la camisa de fuerza metafórica de sus anteriores discos.

Taylor saluda a los fans en los MTV Video Music Awards de 2022.

amor al amor, en todo su enloquecedor, apasionado, emocionante, encantador, horrible, trágico y maravilloso esplendor».

En 2020 la pandemia impidió a Taylor salir de gira, y trajo consigo una abundancia de música para los swifties. Primero llegó *Folklore*, producido a distancia por el ya habitual Jack Antonoff y un nuevo colaborador, Aaron Dessner. En cuanto a la música, los tintes folk de este disco eran territorio desconocido para Taylor; también suponía un cambio en cuanto a las letras, pues se trata de un álbum conceptual que narra la historia de tres adolescentes atrapados en un triángulo amoroso. Cuando salió a la venta, dejó claro a sus seguidores que no era un disco como a los que estaban acostumbrados: «El aislamiento ha desbocado mi imaginación y este álbum es el resultado, una colección de canciones e historias que fluyen tal como salieron de mi mente. Escribir se convirtió en mi forma de refugiarme en la imaginación, la historia y la memoria. He contado estas historias lo mejor que he podido, con todo el amor, fascinación y cariño que se merecen. Ahora vosotros sois los encargados de transmitirlas».

Cinco meses más tarde llegó *Evermore*, el «disco hermano» de *Folklore*. Swift escribió: «Hablando claro, no podíamos dejar de componer canciones. Pero intentemos decirlo de un modo más poético: nos sentíamos al borde del bosque del folklore y teníamos que decidir si dábamos media vuelta o nos adentrábamos en el bosque de esta música. Elegimos adentrarnos». La publicación *Spin* lo proclamó «el mejor trabajo de su carrera» y afirmó que, con cada disco, «asciende más en el panteón de compositores que siempre cumplen a pesar de las expectativas inimaginables puestas sobre ellos».

Hoy en día, el consenso es claro: lo ha vuelto a hacer. Como escribió *PopMatters* en su crítica de 2022 de *Midnights*, «este disco permite a Swift hacer lo que siempre ha querido: componer un disco que se reciba ante todo como una obra de arte y no como un producto comercial o carne de tabloide. En *Midnights* se muestra más segura de sí misma que nunca: se deja llevar, se arriesga más y no pide disculpas». Taylor lo describe como un álbum conceptual, un ejercicio creativo que reflexiona sobre lo que impide dormir a las personas.

Si se miran en conjunto, estos discos constituyen una obra increíble. Pero con solo treinta y cuatro años, no hay duda de que Taylor sigue teniendo mucho que ofrecer. Y, dada su capacidad de innovación, ¿quién sabe hacia dónde irá? •

EL FAVOR DE LA CRITICA

Desde que debutara con *Taylor Swift* en 2006, la crítica musical no ha dejado de alabarla. Esto es solo una pequeña muestra.

«Taylor lo compuso o cocompuso todo en ***TAYLOR SWIFT*** (incluido el éxito "Tim McGraw"), y, aunque las canciones que más llaman la atención son las que hablan sobre chicos adolescentes que no valen para nada ("Should've Said No", "Picture to Burn"), el material más reflexivo nos deja intuir un talento destinado a durar mucho más allá de la edad del instituto», predijo *Country Weekly*. Incluso los normalmente gruñones críticos de *Pitchfork* calificaron el disco como «un disco de *country* sólido con chispa, pero reflexivo, con una perspectiva adolescente directa».

James Reed, del *Boston Globe*, la alabó: «A sus dieciocho años, no ha perdido la capacidad de asombrarse, la ingenuidad ni la esperanza, y todo esto resuena en ***FEARLESS***, su magnífico nuevo álbum». Tom Breihan, de la revista *L*, se mostró de acuerdo y añadió: «Quizá alguien esté haciendo mejor música pop ahora mismo, pero yo no lo he encontrado».

La revista *Rolling Stone* concedió al álbum las cuatro estrellas posibles, y dijo: «El tercer álbum de Swift [...] es aproximadamente el doble de bueno que *Fearless*, de 2008, que a su vez era aproximadamente el doble de bueno que su debut de 2006». En un artículo publicado en *Stereogum* en 2020, James Rettig habla de una Taylor que se debate entre la adolescencia y la edad adulta: «***SPEAK NOW*** capta a la perfección ese momento en el que te estás desprendiendo de tu antiguo yo para convertirte en alguien nuevo. Tener que crecer tan rápido puede ser triste, pero es inevitable».

«Las letras son [...] más profundas y un poco más oscuras [...] y la música, más grande y atrevida que cualquier otra cosa que haya hecho antes en el mundo del pop», dijo *Entertainment Weekly*, tras otorgarle un B+. Con clarividencia, la revista *Slant* escribió que ***RED*** era «el mejor trabajo de la carrera de Swift, que por fin suena como la estrella del pop que estaba destinada a ser desde el principio».

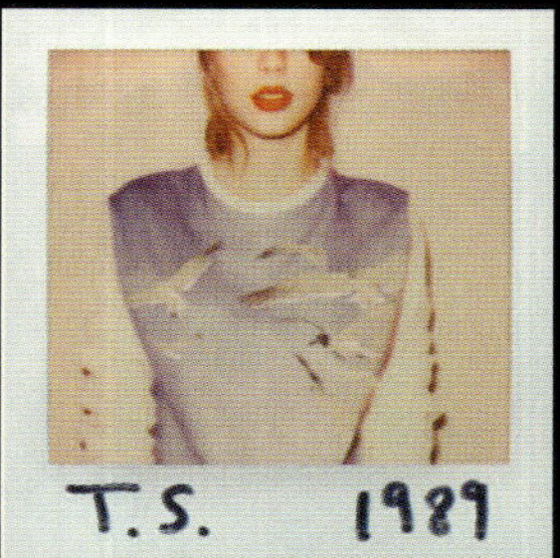

The New York Times escribió lo siguiente sobre ***1989***, el disco con el que Taylor anunció que cambiaba la música *country* por el pop: «Al hacer pop sin apenas referencias contemporáneas, Swift aspira a más, a una atemporalidad a la que pocas estrellas del pop [...] se molestan en aspirar. Todos los que se esfuerzan en sonar actuales tendrán que cambiar de marcha cuando cambie ese sonido. Pero eso no le sucederá a la señoritaSwift, que está librando (y ganando) una nueva batalla, una que nunca admitiría haber librado».

Los Angeles Times dijo que ***REPUTATION*** era «su álbum más centrado y coherente hasta la fecha», y *The Guardian* lo calificó de «una clase magistral de composición pop». En su loa, *Spin* afirmó que «[Taylor] nunca había sonado más libre que aquí, una villana autoproclamada que muerde la fruta prohibida del cotilleo y deja que los jugos le corran por el cuello».

«Como es habitual en ella, ***LOVER*** es un álbum de Swift hecho para sus fans. Pero también parece un disco que ha hecho para sí misma, libre de expectativas externas y de su propio pasado», escribió *A.V. Club*. *Variety* lo describió como «[un] disco exuberante […] de pop para estadios en el que compartir emociones a la máxima escala es la mejor parte de la superproducción».

Rolling Stone describió ***FOLKLORE*** como un álbum sorpresa repleto de, valga la redundancia, sorpresas: «[Contiene] las canciones más exuberantes, desgarradoras y emocionalmente ambiciosas de su carrera». La revista *Paste* lo calificó de «uno de sus mejores proyectos, con una producción exquisita. *Folklore* es un capítulo más tranquilo y sugerente de su historia, en constante mutación».

NME dio cinco estrellas a ***EVERMORE*** y lo describió así: «Si *Folklore* es la hermana mayor, introspectiva y romántica, *Evermore* es la pequeña, más espontánea. *Folklore* era una magistral muestra de las capacidades de composición de Swift hilada con una paleta sonora muy específica; *Evermore* parece más libre, con más espacio para la experimentación, el encanto y los matices musicales. Este nuevo disco recoge los frutos del salto de fe estilístico que supuso *Folklore*, ampliando aún más los límites de la paleta de sonidos de Swift».

NPR concluyó lo siguiente sobre el último trabajo de Taylor: «Ha sabido aprovechar el ambiente íntimo de los usuarios de TikTok, sus hijos espirituales, así como el de los cantautores agnósticos de género que están redefiniendo qué son el pop *indie* y el R&B, como ella ya hizo con el *country*. ***MIDNIGHTS*** sirve a Swift para replantearse la retórica sonora de la narración en primera persona y dejar atrás convenciones que lleva más de una década utilizando y que le han traído éxito tanto artístico como comercial».

Capítulo cinco
ARTISTA

Taylor en el escenario de la gira Reputation.

No hay nada como un concierto de Taylor Swift. Si no lo crees, pregunta a uno de los millones de fans que la han visto en directo desde que empezó a girar.

Su gira Reputation se convirtió en la de mayor éxito de la historia al pulverizar el récord de la gira estadounidense más taquillera de todos los tiempos, con una recaudación de 345 millones de dólares tras solo 38 conciertos. Además, esa exorbitante cifra no incluye las ganancias que le reportó el acuerdo con Netflix, por el que el servicio de *streaming* obtuvo en exclusividad los derechos de la grabación de la gira, ni lo que ingresó gracias a la película resultante.

¿Qué hizo que la gira tuviera tanto éxito? Por un lado, Taylor da a sus fans un espectáculo con mayúsculas. Siempre le han gustado los musicales de Broadway, y se ha inspirado en ellos para poner en escena espectáculos grandiosos, que incluyen enormes decorados, un nutrido cuerpo de baile y músicos de gran talento. En la gira Reputation abrazó la idea de la serpiente, convirtiendo la difamación de Kim Kardashian en algo positivo. Para quienes no lo sepan, Kardashian alimentó la polémica en torno a la letra de «Famous», una canción de su entonces marido Kanye West, en la que denigraba a Swift. Esta afirma que la situación la pilló por sorpresa, pero Kardashian objetó, y llamó a Taylor «serpiente» ante sus millones de seguidores en las redes sociales.

«Aprendí que desarmar el *bullying* puede ser tan sencillo como aprender a reírte de él, —declaró Swift a *Elle*—. No sabéis lo que me costaba no echarme a reír cada vez que Karyn, la cobra hinchable de 20 metros de altura, aparecía en el escenario ante 60.000 fans entusiasmados.»

9
millones de dólares
Según *Business Insider*, es la cifra que Taylor ganó por cada concierto de la gira Reputation.

Las masas que Taylor ha logrado movilizar en sus conciertos son prueba de la conexión única que tiene con sus seguidores. Canta para todo el estadio, pero también es capaz de crear momentos más íntimos. «Lo más difícil de los conciertos en grandes estadios es hacer que las personas que tienes más lejos sientan que han vivido una experiencia íntima y personal», declaró a *Time*. «En la gira de Red lo logramos gracias a momentos en acústico y otros en los que contaba historias sobre las canciones. No me gusta gritar al público; me gusta hablar con él.» Esta idea permea todos sus conciertos, en los que aúna grandes momentos con otros más tranquilos.

Los detalles de la gira se conocen en cuanto esta empieza, pero Taylor incorpora pequeñas sorpresas siempre que puede; por ejemplo, cambia las canciones que toca en acústico, o trae a invitados sorpresa a cada ciudad. También tiene en cuenta lo que sus fans le dicen por redes sociales a la hora de elegir los temas en acústico, y toca versiones de artistas originarios de las ciudades en las que actúa. Por ejemplo, en un concierto en Nueva Jersey hizo un *mashup* de Bruce Springsteen y Bon Jovi.

Taylor no salía de gira desde Reputation en 2018 ya que Lover Fest, con la que iba a promocionar *Lover*, se vio truncada por la pandemia en 2020. Por eso, cuando anunció que en 2023 empezaría el Eras Tour, descrito por la propia Taylor como «un viaje por las épocas (¡pasadas y presentes!) de mi carrera musical», era de esperar que hubiera expectación. Pero lo que la mayoría no esperaba era que Taylor «rompiera» internet.

Hubo tal demanda de entradas en la preventa que el sitio web de Ticketmaster cayó debido al tráfico sin precedentes, dejando a los swifties devastados. Hubo quienes pasaron horas en salas de espera vir-

En Newark, Nueva Jersey, durante la gira mundial Speak Now de 2011.

ACTUACIONES IMPRESCINDIBLES

Taylor es una auténtica bestia sobre el escenario. Si no has podido verla en directo, en YouTube puedes disfrutar de estas 10 magníficas actuaciones.

10. La interpretación de «I Knew You Were Trouble», del disco *Red*, en la gira mundial de 1989. ¡Atentos al agudo!
9. Cuando cantó «Style» y desfiló con su amiga Karlie Kloss y otros ángeles de Victoria's Secret en el desfile de Victoria's Secret de 2014.
8. El espectáculo que montaba con «I Did Something Bad» en la gira Reputation.
7. La primera vez que se subió al escenario de los Grammy, en 2009, cantando «Fifteen» con Miley Cyrus.
6. La versión de «Blank Space» en el Museo GRAMMY en 2015. ¡Merece la pena solo por cómo presenta la canción!
5. «Out of the Woods» durante la gira 1989. Esta canción se ha convertido en todo un himno.
4. El popurrí de «Cardigan», «August» y «Willow». Una actuación de cuento de hadas que nos regaló en la gala de los permios Grammy de 2021.
3. Su interpretación de «Holy Ground» en el Live Lounge de BBC Radio 1 en 2019.
2. La actuación con la que celebró el premio a Artista de la Década en los American Music Awards 2019: cantó «The Man», «Love Story», «I Knew You Were Trouble», «Blank Space» y «Shake It Off» con la de ayuda de sus amigas Camila Cabello y Halsey.
1. Su interpretación de la versión de 10 minutos de «All Too Well» en el episodio del 13 de noviembre de 2021 de *Saturday Night Live*, que cantó mientras se proyectaba el cortometraje homónimo que dirigió.

Taylor actúa en los premios BRIT en 2013.

Pasándolo bien durante la gira mundial 1989 en Melbourne, Australia.

tuales a la espera de entradas supuestamente garantizadas para que luego se les comunicara que no las habían conseguido. Y, lo que es peor, el vendedor anunció que, por falta de existencias, no habría opción de comprar más entradas para el Eras Tour. El desastre acaparó titulares en todo Estados Unidos y se tardaron semanas en dar con una solución. Llegó incluso a provocar la ira de los legisladores, que denunciaron que la página funcionaba como un monopolio en el negocio de la venta de entradas. «Ticketmaster: sabía que causaríais problemas desde 2009, cuando os pregunté sobre la venta de entradas cuando os llamabais AG. Vuestra práctica va en contra de la libre competencia y juega con los sentimientos de los asistentes a los conciertos de Taylor Swift», tuiteó Richard Blumenthal, senador de Connecticut. Swift pidió disculpas a los fans y calificó el desastre de «vergonzoso». Añadió nuevas fechas a la gira para dar cabida a la demanda, pasando de 27 a 52 conciertos.

Para los afortunados que hayan conseguido entradas, el Eras Tour supone el retorno triunfal de la artista, cuya maestría sobre el escenario no tiene rival. La gira estadounidense pasó por 20 ciudades distintas, y actuó varias veces en cada una de ellas. No son

HITSTORIA: «Look What You Made Me Do»

La venganza puede ser realmente dulce. Y prueba de ello es el primer *single* del álbum *Reputation* de 2017, que se convirtió en todo un éxito. Critica con dureza la imagen que daba de ella la prensa: «I'm sorry, the old Taylor can't come to the phone right now / Why? Oh, 'cause she's dead» (Lo siento, la antigua Taylor no se puede poner al teléfono ahora mismo / ¿Por qué? Oh, porque está muerta), dice. También se enfrenta a algunos de sus mayores adversarios, a los que retrata en el videoclip como sórdidos DJs, codiciosas empresas de *streaming*, examargados y hasta el mismísimo Kanye West, que la interrumpió cuando aceptaba un premio en los VMA.

Taylor actúa en Los Ángeles el 21 de agosto de 2015, durante la gira 1989.

muchos los artistas que agotan las entradas de un estadio. En el caso de Taylor, agotó las entradas del SoFi Stadium de Los Ángeles para *cinco* fechas. Contó con el apoyo de grupos y artistas con una fuerte presencia de mujeres y personas *queer*: Haim, Paramore, Phoebe Bridgers, girl in red, Gracie Abrams, Muna, beabadoobee o Gayle, así como con el exbailarín convertido en cantante y coprotagonista del videoclip de «Lover», Owenn.

«Me muero de ganas de ver vuestras preciosas caras, —escribió Swift en Instagram en 2022—. Por fin llega el momento.»

En el Eras Tour, los fans han podido escuchar algunas de las nuevas versiones de los álbumes regrabados como *Red (Taylor's Version)* y *Fearless (Taylor's Version)* sin olvidar, por supuesto, la épica versión de 10 minutos de «All Too Well». También han disfrutado de una buena dosis de temas de sus álbumes más recientes, *Midnights*, *Evermore* y *Folklore*. Pero, ante todo, deben esperar lo inesperado.

Tras un largo paréntesis lejos de las giras, Taylor vuelve a estar en la carretera y reivindicando los lazos que la unen a su base de fans. «La forma más potente de ver [a los fans] reaccionar es cuando los miras a la cara [...] Echo de menos esa conexión» confesó en *The Tonight Show Starring Jimmy Fallon* en 2022. •

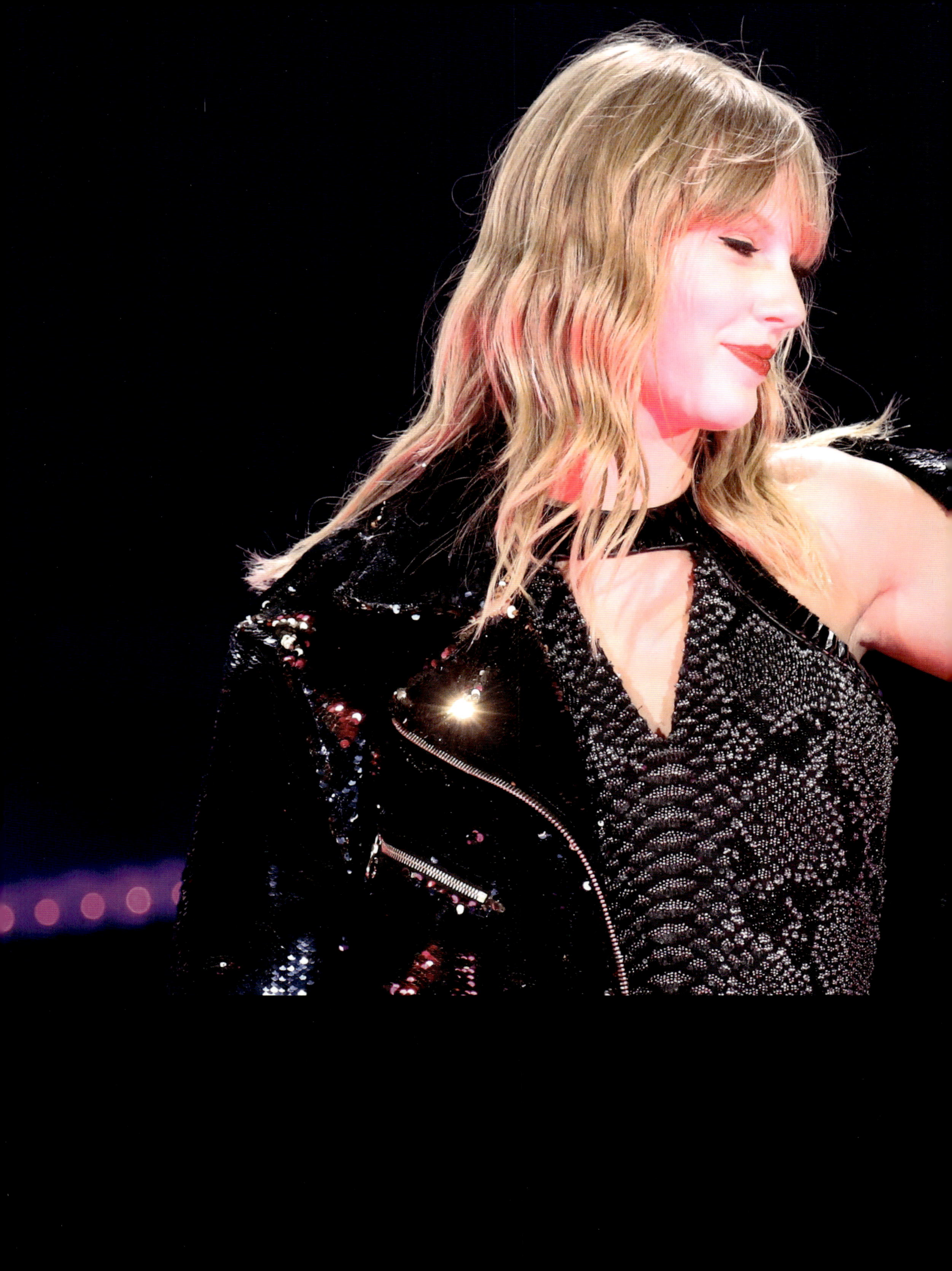

Capítulo seis

MEJOR AMIGA

Con Abigail Anderson
en la gala de los
Grammy de 2015.

MEJOR AMIGA

Taylor tiene un cierto aura de naturalidad. Parece una persona cercana, alguien accesible. Su música hace que nos sintamos identificados y hay en ella algo tan acertado que sientes que no puede estar hablándole a alguien que no sea a ti.

Taylor es una poeta de la experiencia humana. Escribe sobre sentimientos complicados, errores y triunfos que atraviesan las vidas de todos nosotros. Así que no es de extrañar que se la haya descrito como la mejor amiga de todo Estados Unidos. Como muchos swifties afirmarían: «¡Nos entiende!».

Taylor es conocida por tener numerosos amigos famosos, que van desde Ed Sheeran y Emma Stone hasta Ina Garten. Hasta 2016, organizaba fiestas legendarias en su casa de Rhode Island para celebrar el Día de la Independencia, un auténtico «quién es quién» de estrellas que haría las delicias de cualquier *paparazzi*.

Cuando en 2014 en *Good Morning America* le preguntaron por sus amistades en la industria del entretenimiento, comentó: «Creo que la carrera de mis amigos no es lo importante. Me siento muy identificada con personas inteligentes y con iniciativa. Es importante rodearse de personas listas e interesantes. Creo que eso te impulsa».

Que te hagan argumentar por qué tienes tantos amigos puede parecer ridículo, pero Taylor se lo toma con filosofía. Si hay algo que sabe hacer, es desmentir las críticas: «Hay muchas formas de disipar los rumores. Si dicen que tus amistades son falsas, lo que hace falta es seguir estando ahí para cada uno de ellos», declaró a *Vogue*.

> «You sit in class next to a redhead named Abigail / And soon enough you're best friends.» (Te sientas junto a una pelirroja llamada Abigail / Y enseguida sois mejores amigas).
>
> ***FIFTEEN***

Taylor dice que su animal espiritual es el delfín porque son muy sociables y viajan en grupo.

Los amigos de Taylor dicen que es una amiga leal, amable y generosa. Es de esas personas que se desviven por apoyar y animar a los demás. Selena Gomez, que conoció a Taylor en 2008 cuando salían, respectivamente, con los hermanos Nick y Joe Jonas, es una de sus mayores defensoras. «La razón por la que [es] una de mis mejores amigas es porque jamás me ha juzgado por las decisiones que he tomado. Siempre se ha sabido poner en mi lugar, —dijo Gomez sobre el escenario durante una

«Soy una chica de chicas [...] Me encantan las personas que tienen ambición y que les apasiona lo que hacen, pero que a la vez son espontáneas y divertidas y te hacen reír cuando has tenido un mal día.» Declaraciones a *AM Tonight*

actuación con Taylor en 2018—. Me animó cuando no tenía razones para animarme. Y no sé si sería tan fuerte como soy si no [la] hubiera tenido [a ella y a su] familia.»

«Taylor siempre ha sido de lo más amable y solidaria, y se desvive por dar consejos a los jóvenes artistas, —dijo Camila Cabello a *Bustle* en 2021—. Para ella lo más importante son las amistades y las relaciones».

«Es increíble porque es una gran defensora de las causas que le importan, y siempre intenta que las cosas mejoren para las generaciones venideras», declaró Jack Antonoff a *NME* en 2021. Taylor y la actriz Blake Lively son íntimas amigas desde que se conocieron en 2015, y se apoyan incondicionalmente en sus carreras y en sus vidas. La «tía Taylor» incluso bautizó a los protagonistas de *Folklore* con los nombres de los hijos de Lively y Ryan Reynolds: James, Betty e Inez. Además, en la canción «Gorgeous» se escucha la voz de James cuando era más pequeña.

También sigue muy unida a su mejor amiga de Hendersonville, Abigail Anderson, a quien conoció cuando solo tenía quince años. Los swifties saben que Abigail ha apa-

HITSTORIA: «Shake It Off»

Todas las canciones de *1989* celebran la amistad entre mujeres, pero el himno por excelencia es «Shake It Off», un imprescindible en la lista de reproducción de cualquier noche de chicas. La letra, escrita en colaboración con el maestro del pop Max Martin y Shellback, parece sacada de un libro sobre cómo ser un buen amigo, y nos recuerda que nadie puede obligarte a sentir algo si tú no quieres. «Son cosas por las que pasamos a lo largo de toda la vida [...] [cuando] hay alguien que la tiene tomada contigo», declaró Taylor a *AM Tonight* en 2014. Así que deja que los *haters* sigan odiando y los jugadores jugando y, como te diría Taylor, ¡no dejes que te afecte!

Capítulo seis

MEJOR AMIGA

LA FILOSOFÍA DE TAYLOR

A veces, Taylor podría ser tu mejor amiga. Sus letras parecen hablar de tus experiencias y te hacen sentir que sabe *exactamente* por lo que estás pasando. Así que la próxima vez que te preguntes: «¿Qué haría Taylor?», puedes recurrir a estos consejos:

«Ármate de valor, confía en tus instintos y sé consciente de cuándo debes contraatacar. Sé como una serpiente: muerde solo en defensa propia.» Declaraciones a *Elle.*

«No importa lo que te depare el amor, tienes que creer en él. Tienes que creer en las historias de amor y en los príncipes azules y en los felices para siempre.» En las notas de álbum de *Fearless.*

«[Vive] la vida pensando en lo que algún día dirán tus nietos.» Declaraciones a *Time.*

«Que no te importe que la gente que no te conoce no te entienda; lo importante es que te comprendan quienes sí te conocen, las personas que darán la cara por ti, los que te ven como un ser humano.» Durante una actuación en 2018.

«Una de las cosas más importantes para ser el mejor amigo posible es saber cuándo dejar que tus amigos descubran las cosas por sí mismos.» Declaraciones en 2DayFM radio, Sídney, Australia.

«El entusiasmo te protege de cualquier cosa. Te ayuda a volver a ti. Aunque fracases, te rechacen o te critiquen, hay más cosas por las que entusiasmarse.» Declaraciones en BBC Radio 1.

«El amor verdadero no te hace enloquecer. El amor verdadero simplemente es. El amor verdadero permanece. El amor verdadero persiste. El amor verdadero va página por página.» De su discurso de dama de honor en la boda de su amiga Britany Maack en 2016, recogido por *Vogue.*

«El único riesgo real es tener demasiado miedo a arriesgarse.» Declaraciones a *Wall Street Journal.*

«Cuando se "cancela" a alguien, no estamos hablando de un programa de televisión. Es un ser humano al que envían cantidades ingentes de mensajes para que se calle, desaparezca o [algo peor].» Declaraciones a *Vogue.*

«Decidir quién quieres ser y cuándo puede resultar abrumador. Pensar en quién eres ahora y qué debes hacer para llegar adonde quieres. Tengo buenas noticias: todo depende de ti. También tengo noticias aterradoras: todo depende de ti.» Del discurso de graduación que pronunció en la Universidad de Nueva York en 2022.

FRIENDS FOREVER

Los swifties saben que a Taylor le encanta el programa *Dateline*, y que los nombres de sus gatos están tomados de personajes de *Anatomía de Grey* y *Ley y orden: unidad de víctimas especiales*. Pero su corazón siempre será de los leales amigos de *Friends*, su serie favorita.

recido en muchos de sus vídeos, como «Picture to Burn», «I'm Only Me When I'm with You» y «New Romantics», entre otros.

Por supuesto, no podemos hablar de las amistades de Taylor sin mencionar a sus amigos gatunos. Sus dos adorables Fold escocesas, Olivia Benson y Meredith Grey, y el ragdoll Benjamin Button aparecen con frecuencia en sus publicaciones en las redes sociales, videoclips y anuncios de televisión. ¿Y quién dice que la amistad de Taylor no tiene sus privilegios? Según la web ‹Cats.com›, Olivia es la tercera mascota más rica del mundo, con 97 millones de dólares gracias a sus maullidos en pantalla.

Y, ante todo, no ha habido una presencia más constante en su vida que la de su familia: su padre Scott, su hermano Austin (que la llama Taffy) y especialmente su madre Andrea. «Es una de mis mejores amigas. Siempre, siempre está ahí. Es la persona de mi vida que me mira a los ojos y me dice: "Espabila"», dijo Taylor. ¿Y no es eso lo más importante de la amistad? •

Taylor abraza a su madre, Andrea, en el escenario de los ACM en 2015 mientras aceptaba el premio 50th Anniversary Milestone Award a la artista más joven del año. En múltiples ocasiones, Taylor se ha referido a su madre como su mejor amiga.

Capítulo siete
JUSTA

Mujeres que apoyan a otras mujeres: Taylor con una camiseta del éxito de Rachel Platten «Fight Song». En 2016, la canción también fue el himno de la campaña presidencial de Hillary Clinton.

JUSTA

En la industria musical, resulta difícil imaginar a alguien que defienda más a sus compañeros artistas que Taylor Swift. Tiene una influencia enorme y ha sabido utilizarla para ejercer presión y lograr cambios que pocos podrían haber conseguido.

Cuando la era digital puso patas arriba el negocio de la música y los artistas cobraban fracciones de céntimo por su trabajo debido a los algoritmos opacos de las plataformas de *streaming*, Taylor escribió un artículo de opinión en el *Wall Street Journal*. Algunos de sus argumentos eran: «La música es arte, y el arte es importante y poco común. Las cosas importantes y poco comunes son valiosas. Y las cosas valiosas tienen un precio. En mi opinión, la música no debe ser gratuita».

De inmediato, retiró todas sus canciones de Spotify. «No estoy dispuesta a que el trabajo al que he dedicado mi vida forme parte de un experimento que no creo que compense de manera justa a los compositores, productores, artistas y creadores de la música», declaró a *Yahoo*. Sus medidas contra las prácticas abusivas del *streaming* han surtido efecto: la empresa matriz del sello al que pertenece Taylor, Universal (una de las tres grandes discográficas de Estados Unidos), ha empezado a permitir a los artistas que sus discos no aparezcan en plataformas durante las dos primeras semanas para que puedan ganar más con la venta de álbumes físicos.

Taylor también contribuye a la carrera de otros artistas de otras formas y los da a conocer todo lo que puede. Consumidora voraz de música, muestra sin pudor su admiración por sus compañeros. En sus giras la han acompañado decenas de artistas a los que admira como Haim, Phoebe Bridgers, Camila o Lana del Rey. Para Taylor apoyar a las mujeres que la rodean es fundamental y lo describe como una especie de hermandad. «Que haya mujeres que lo están haciendo genial debería motivarte, emocionarte, desafiarte e inspirarte», dijo a *Time* en 2014. Pero no solo colabora con mujeres: Taylor invitó a artistas como Ed Sheeran, Shawn Mendes, y Vance Joy, entre otros, a que actuaran con ella cuando sus carreras no habían hecho más que comenzar.

65.000

Los expertos lo llamaron el «efecto Taylor Swift»: apenas 24 horas después de publicar un mensaje de apoyo a los candidatos demócratas y a la Ley de Igualdad (su primera declaración política pública), la web ‹Vote.org› registró un aumento masivo de nuevos votantes, más de 65.000 en un solo día.

Siempre se ha sabido defender a sí misma, ha denunciado el sexismo de la industria musical y se ha mantenido firme cuando la situación lo ha requerido. En canciones como «The Man» y «Miss Americana & The Heartbreak Prince» aborda de forma directa esa doble moral, pero es algo que permea toda su música. También ha llamado la atención a los periodistas que parecían más interesados en su vida amorosa que en su música, o a aquellos que le preguntan cuándo va a tener hijos o sobre qué ex habla una canción. «La gente [...] dice: "Oh, ya sabes, solo escribe canciones sobre sus exnovios". Francamente, me parece un punto de vista sexista. Nadie dice eso de Ed Sheeran o de Bruno Mars. Y ambos escriben canciones sobre sus ex, sus novias o su vida amorosa sin que le llame la atención a nadie», declaró a 2DayFM.

Taylor está a la vanguardia de la cruzada para que la palabra feminismo se deje de considerar algo malo. «Desde que nacemos, nos hacen creer que la misoginia es algo natural, —declaró Taylor a *Maxim* en diciembre de 2015—. El feminismo es probablemente el movimiento más importante al que uno se puede adherir porque es, básicamente, otra palabra para referirse a la igualdad.

HITSTORIA: «You Need to Calm Down»

Si «Blank Space» fue el primer golpe a los *haters*, «You Need to Calm Down» es el de gracia. La canción puede parecer un tema pop alegre, pero su mensaje es de lo más serio. Ridiculiza con una agudeza increíble a los *haters* que se esconden tras la pantalla y a los manifestantes anti-LGTBIQ. Y, en el último verso apunta a los misóginos que enfrentan a las mujeres entre ellas. El vídeo está plagado de estrellas e iconos LGTBIQ como Ellen DeGeneres, Adam Lambert, RuPaul y el reparto de *Queer Eye*. También aparece junto a Katy Perry, vestidas de hamburguesa y patatas fritas, en una escenificación pública del fin de su supuesta «enemistad». La propia Perry tuiteó una imagen del vídeo, jocosamente titulada «BEEF-free».

Con su amigo Todrick Hall tras una actuación de *Kinky Boots* en 2016. Hall interpretaba a Lola en Broadway.

Mientras que a un hombre que escribe sobre sus sentimientos desde la vulnerabilidad se le considera un valiente, si la que lo hace es una mujer se dice que está hablando de más o quejándose.»

A lo largo de los años, los medios de comunicación han azotado y criticado a Taylor. «Vi cómo les gustaba encontrar una razón para explicar el éxito de una mujer en la industria y, al darme cuenta de ello, noté que algo cambió en mí [...] Me transformé en un espejo en el que mis detractores podían mirarse. Decidí que me convertiría en aquello que me decían que no podía ser», dijo en 2019. Tras ganar el Grammy al álbum del año por *Fearless*, los críticos aseguraron que, en realidad, ella no escribía las canciones. Así que compuso *Speak Now* sin la ayuda de nadie. Cuando la acusaron de salir con demasiadas personas, dejó de salir con nadie «durante años». Y cuando dijeron que no era lo bastante *country*, hizo un álbum de pop puro.

No se puede negar que las emociones de Taylor están a flor de piel, y no duda en abrirse en canal a través de la música. Lo que sí le ha costado algo más es expresarse sobre sus convicciones políticas. El *establishment* de la música *country* le recordaba constantemente el caso de las Dixie Chicks, a las que expulsaron de la industria tras un comentario crítico con el entonces presidente George W. Bush. «A todos los artistas *country* nos lo han dicho: "No expreses tus opiniones políticas" [...] Nos lo graban a fuego», dijo en *Miss Americana*. El docu-

Taylor interpreta «Me!» en el concierto Wango Tango de iHeartRadio en 2019.

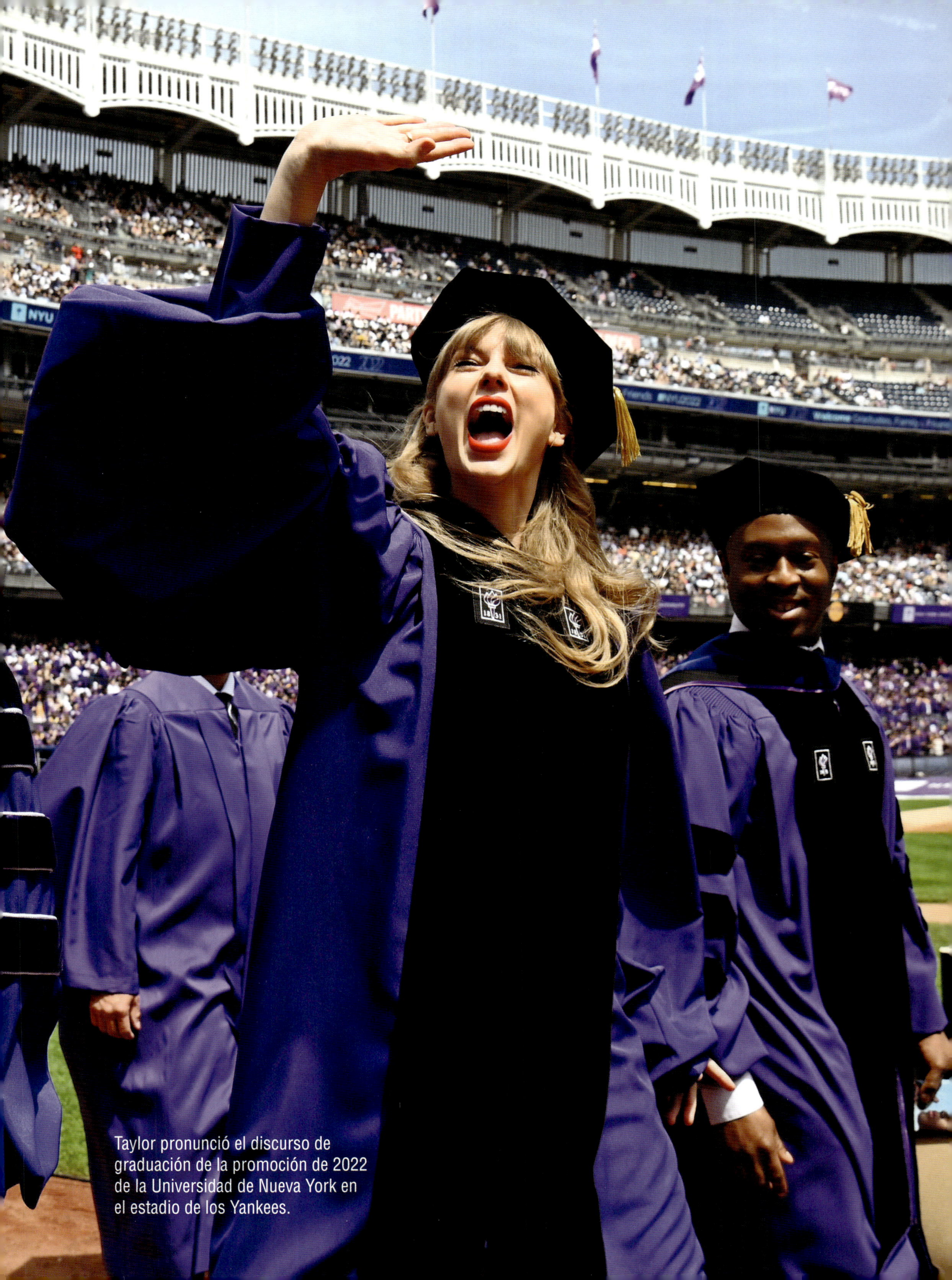

Taylor pronunció el discurso de graduación de la promoción de 2022 de la Universidad de Nueva York en el estadio de los Yankees.

LAS CAUSAS DE TAYLOR

Tras años de mostrarse «educada a toda costa» y mantenerse al margen de la política, Taylor decidió que había tenido suficiente y quiso utilizar su plataforma para defender las causas en las que cree. He aquí una breve cronología.

Marzo de 2018: Taylor escribe a favor de establecer medidas de control de armas y del movimiento March for Our Lives (Marcha por nuestras vidas).

Octubre de 2018: Taylor anuncia su apoyo a los candidatos demócratas en las elecciones de 2018 y denuncia las medidas discriminatorias impulsadas por el Partido Republicano.

Junio de 2019: Taylor escribe una carta abierta al senador de Tennessee Lamar Alexander en la que muestra su apoyo a la Ley de Igualdad.

Agosto de 2019: Taylor califica la presidencia de Trump de «autocracia» y aprovecha su discurso de agradecimiento en los VMA para dar las gracias a los fans que firmaron su petición para aprobar la Ley de Igualdad.

Enero de 2020: Estreno de *Miss Americana*. El documental incluye una mirada entre bastidores a la decisión de Taylor de pronunciarse sobre política, además de alguna que otra crítica a la por aquel entonces candidata al Senado Marsha Blackburn.

Mayo de 2020: Taylor responde a un incendiario tuit del entonces presidente Donald Trump. Escribe: «Te echaremos en las urnas».

Mayo de 2022: Taylor se vuelve a pronunciar a favor de un mayor control de las armas tras los tiroteos en Buffalo (Nueva York) y Uvalde (Texas).

Junio de 2022: Taylor expresa su descontento por la decisión del Tribunal Supremo de anular el caso Roe contra Wade, y la consiguiente privación del derecho a decidir de las mujeres.

mental muestra cuánto le cuesta guardar silencio sobre sus ideas políticas y la presión que ejercen sobre ella su discográfica, personas cercanas e incluso miembros de su familia.

«Quiero estar en el lado correcto de la historia», argumentó. Su primera publicación política, en la que se oponía a la candidata de Tennessee Marsha Blackburn por sus políticas racistas, homófobas y misóginas, no le hizo perder a la mitad de sus fans como le habían dicho. Lo que sí logró fue aumentar de forma considerable el número de votantes registrados. Y, aunque Blackburn finalmente ganó las elecciones, Taylor había dejado clara su postura.

Atribuye el mérito de haberle dado el empujón que necesitaba a su amigo Todrick Hall. Un día Hall le preguntó qué pensaría si tuviera un hijo gay, y a Taylor le sorprendió que no supiera ya qué pensaba al respecto. «Si él no lo sabía, no podía imaginar lo que podrían estar pensando mis fans de la comunidad LGTBIQ, —prosiguió—. Me horrorizó darme cuenta de que no me había expresado en público de forma clara [sobre mi apoyo a esa comunidad].»

«A quién amas y cómo te identificas no te debería poner en peligro, en una situación vulnerable o frenarte en la vida», tuiteó tajante. Reclamó públicamente la Ley de Igualdad e inició una petición en ‹Change.org› que recogió más de 800.000 firmas, ocho veces la cantidad necesaria para llegar al Congreso. «Hasta hace poco no me había dado cuenta de que podía defender a una comunidad de la que no formo parte», declaró a *Vogue*. La Ley de Igualdad, que protege de la discriminación por motivos de orientación sexual y expresión de género, entró en vigor en 2022.

Si fomentar la igualdad de derechos hace que Taylor esté en el ojo del huracán, a ella no le importa. Ya la han criticado antes, y sigue en pie. «Obviamente, cuando defiendes o te opones a algo, es imposible que la reacción sea unánime, —declaró a *Variety* en 2020—. Pero es lo que te obliga a ser valiente. Y ahí está la diferencia en la manera en que he empezado a vivir mi vida.» •

«Quiero que me pueda gustar la purpurina y defender la doble moral de nuestra sociedad. Quiero vestir de rosa y decirte lo que pienso de la política, y no veo ninguna contradicción entre esas cosas.»

MISS AMERICANA

La Primera Dama Michelle Obama entrega a Taylor el premio Big Help, que reconoce su labor benéfica, en los Nickelodeon Kids' Choice Awards de 2012.

TIME
THE PEOPLE ISSUE '09
Rolling Stone
The New Life of Taylor Swift
CHINA & GLOBAL WARMING
The Fight to Rein in the World's Biggest Polluter
PLUS
ROBERT PLANT
ANDRÉ 3000
BILL HADER
APHEX TWIN
NICK CAVE
FALL PREVIEW
U2
Kendrick Lamar
Foo Fighters
Nicki Minaj
Stevie Nicks
Kanye West
Jackson Browne
Weezer
Charli XCX
mujerhoy
Taylor Swift
750 Spring Looks For YOU
100 Best Beauty Tricks Of 2014
Gorgeous hair & skin all year
COSM
Oups!
MA PIRE GAFFE SEXUELLE
Au début on était amis...
Des amoureux racontent
BONS PLANS EXPÉRIENCES ÉMOTIONS

Capítulo ocho

INFLUENCER

Taylor saluda a sus fans en
Foxborough, Massachusetts,
durante la gira de 2018.

INFLUENCER

Para Taylor, la conexión con los fans es muy importante. Mantiene una interacción habitual y, a través de las redes sociales, se comunica con ellos de manera directa. «Siempre estoy escuchando, siempre al acecho. Escucho todas sus opiniones y sus teorías», le comentó a Seth Meyers en 2021. Los *swifites* incluso le han dado un nombre: «Taylurking» (de Taylor y «lurking», el verbo inglés para acechar, espiar).

Aunque pueda sonar siniestro, solo significa que Taylor está atenta, escuchando qué es lo que les gusta (y no) de su música. Atenta también a qué canciones quieren escuchar en los conciertos. Y atenta a lo que pasa en sus vidas. Ha descrito el vínculo con sus fans como la mejor relación, y la más larga, de su vida, una a la que ha dedicado mucho esfuerzo a lo largo de los años.

95M

¡Cuidado, Barack, que vienen los swifties! La cantidad de seguidores que Taylor ha logrado amasar en Twitter es increíble: tiene más de 95 millones, lo que la convierte en la novena cuenta más seguida de la red social (por detrás de Obama, con 132 millones).

Los ejemplos están en todas partes: envía mensajes de ánimo a los fans que atraviesan momentos difíciles y ofrece ayuda económica a quienes la necesitan. Incluso ha escrito canciones sobre sus fans: «Ronan», del disco *Red*, está dedicada a la fan Maya Thompson, que perdió a su hijo de tres años a causa de un neuroblastoma. Taylor la lanzó a modo de *single* como adelanto del álbum y donó el cien por cien de lo recaudado a la investigación del cáncer.

En los conciertos, accede a maratonianos *meet and greet* en los que, al contrario que otros artistas, anima a los fans a relajarse y tomárselo con calma, sin pedirles que se den prisa como si estuvieran en un besamanos. «Los fans son lo que más me gusta del mundo, —afirmó Taylor—. Nunca he sido el tipo de artista que distingue entre amigos y fans. La distinción siempre ha sido muy difusa para mí. No tengo problema en pasar un rato con ellos antes o después de un concierto. Y, si los veo en un centro comercial, puedo pasar diez minutos hablando con ellos sin problemas.»

Sus seguidores también están entre los primeros en escuchar su música nueva. Con *1989*, Taylor empezó a organizar fiestas secretas (que llamaba Secret Sessions) en las que presentaba su nuevo disco con varias semanas de antelación a algunos de sus mayores fans. «Me pasé meses eligiendo entre mis seguidores de Instagram, Tumblr y Twitter; personas que me apoyaban desde hacía tiempo y que habían intentado una y otra vez conocerme, que había estado en cinco conciertos o en el número de eventos que fuera, pero que nunca habían llegado a conocerme, —declaró a *NPR* en 2014—. Y en cada una de mis casas en Estados Unidos y en mi habitación de hotel de Londres, invitaba a 89 personas al salón, les ponía el álbum entero, les contaba las historias que había detrás [...] Pasábamos cuatro horas juntos cada noche, nos hacíamos fotos y nos lo pasábamos genial; era una oportunidad de que me contaran lo que quisieran a su propio ritmo. Sin prisas. Sin pánico. Y, después, volvían a la realidad.» Todos los fans se llevaban a casa una bolsa con el disco inédito. Por muy sorprendente que pueda parecer, o quizá como prueba de la lealtad de los swifties, el disco nunca se filtró.

Fueron los fans quienes animaron a Taylor a que publicara la versión original de «All Too Well», que pasó de durar 10 minutos a 5 cuando se lanzó por primera vez en 2012. Y también fueron ellos los que lograron que «All Too Well (Taylor's Version)», fuera la canción más larga de la historia en alcanzar el primer puesto de las listas *Billboard*.

Otra forma en la que conecta con sus fans es a través de los «easter eggs», mensajes se-

HITSTORIA: «Anti-Hero»

Incluso para una artista conocida por explorar sus inseguridades como Taylor, «Anti-Hero» es ir un paso más allá. Afirma que es una de las canciones que más le gustan y en Instagram confesó: «No creo que me haya adentrado en mis inseguridades con tanto detalle antes». El tema aborda sus luchas contra la ansiedad y la depresión, el aislamiento y la imagen corporal. El vídeo suscitó una gran polémica por mostrar a Swift subiéndose a una báscula en la que se leía «FAT» (gorda), y la imagen se tuvo que suprimir. Pero, aunque a algunos la imagen les afectó negativamente, la mayoría salió en defensa de la artista, aplaudiendo su franqueza e identificándose con sus inseguridades.

INFLUENCER

Los fans de Taylor acudieron a Times Square para asistir a un concierto gratuito en *Good Morning America* en 2014.

El 13 de junio de 2010, durante el Festival de música *country* de la CMA, el *meet and greet* de Taylor duró 13 horas.

CHAT DE FANS

Taylor conecta con sus fans a través de medios diversos, pero, en última instancia, la música es lo que llega a las masas. Y también es la música con lo que los fans conectan de forma más íntima, sin importar que sean hombres, mujeres, jóvenes o mayores. He aquí una pequeña muestra:

«La música de Taylor Swift es un regalo, y la forma en que fomenta la comunidad es increíble.» John Green, autor de *Bajo la misma estrella.*

«Me ha enseñado que después de una decepción hay que volver a intentarlo. Y no por lo que digan otras personas, sino por ti mismo.» Kate, diez años.

«Que Taylor Swift sea lo suficientemente valiente como para usar su plataforma para compartir y dar a conocer temas delicados es una de las principales razones por las que siempre la amaré.» @sntvalbum en Twitter.

cretos que va dejando en sus letras, vídeos y publicaciones. Desde su primer disco, las notas de sus álbumes contienen mensajes codificados, mayúsculas que intercala en las letras de las canciones. «Cuando tenía quince años y estaba preparando mi primer disco [...] decidí escribir mensajes ocultos en mayúsculas en las letras, —declaró al *Washington Post*—. Así empezó todo y, desde entonces, mis fans y yo nos hemos pasado a los códigos de colores, la numerología, las sopas de letras, las pistas elaboradas y las referencias ocultas.»

Esta práctica ha convertido a los swifties en criptógrafos aficionados que especulan sobre qué ha inspirado las canciones y elaboran teorías disparatadas sobre la música y lo que podría estar por venir. Como no podría ser de otro modo, Taylor interviene a menudo para confirmar o desmentir algunas de esas teorías. Los espectadores y oyentes astutos no tardan en señalar los detalles ocultos de sus videoclips o las referencias de las letras.

«Lo que quiero es que cada lanzamiento de música nueva se convierta en un acontecimiento para mis fans que los entretenga de una forma divertida, traviesa e inteligente, —declaró Taylor al *Washington Post* en 2022—. Mientras me siga divirtiendo y emocionando, lo seguiré haciendo.»

La forma de interactuar con sus fans es, sin duda, una de las razones por las que cuenta con un gran número de seguidores en las redes sociales. A la redacción de este libro, tenía más de 95 millones de seguidores en Twitter, 279 millones en Instagram, 24 millones en TikTok, 80 millones en Facebook y 56 millones de suscriptores en YouTube. Y lo que es más llamativo: mientras que las cifras de seguidores de algunos de los líderes de las redes sociales han permanecido constantes en los últimos años, las suyas no dejan de crecer.

«Quiero aprovechar al máximo la relevancia cultural o éxito o como quieran llamarlo, porque no durará para siempre. Mientras mi nombre siga importando, tengo que ser la mejor persona [que pueda]. Porque no siempre voy a importar a quienes tienen quince años y todavía no saben quién quieren ser, o jóvenes [con quienes] sus amigos se han portado mal en la escuela ese día. Esos son problemas de verdad. Yo solo puedo hacer lo que está en mi mano para mejorar su día mientras pueda.»

DECLARACIONES A *THE TELEGRAPH* EN 2015

En 2018, *Time* la nombró la persona más influyente en Twitter. Ese año, solo tuiteó trece veces. Y en 2019 Taylor apareció en la lista de las 100 personas más influyentes del mismo medio. Shawn Mendes, el encargado de redactar el perfil de la artista, escribió: «Taylor hace que crear música para millones de personas parezca fácil. Todo forma parte de ella: su fe en la magia y el amor, y su capacidad para mostrarse lo más sincera y desnuda posible. Es una experta a la hora de pensar lo justo para no pensar demasiado, y es eso lo que hace que la gente conecte tanto con su música».

«Todo lo que quiere cualquier [artista] es crear algo que perdure, sea lo que sea [...] A mí lo que me importa son los recuerdos que he creado con vosotros», agradeció Taylor a sus fans mientras aceptaba el premio a la Artista de la Década en la edición 2019 de los American Music Awards. «Juntos, hemos pasado momentos divertidos, increíbles, estimulantes y extraordinarios.» Este simple hecho ya es un legado al que vale la pena aferrarse.

«Debo mi felicidad a mis fans», dijo Taylor en 2023.

Capítulo nueve

FASHIONISTA

Pura elegancia en los premios CMT Music Awards de 2013.

FASHIONISTA

Taylor ha citado como sus mayores iconos de estilo a Grace Kelly y a Audrey Hepburn, reinas del glamour y grandes estrellas de la época dorada de Hollywood. Ambas encarnaban una elegancia y sofisticación indiscutibles que se reflejan claramente en las prendas que Taylor elige. Desde sus inicios, su estilo se caracteriza por ser discreto, sofisticado y clásico, dejando a un lado lo demasiado revelador y sexi.

Otra de sus inspiraciones es el incomparable estilo de la cantante francesa Françoise Hardy, reconocida cantautora e icono de la moda. Algunos de los mejores *looks* de Taylor parecen sacados del armario de Hardy: los *tops* de rayas y *shorts* cortos de la gira Red; los vestidos metalizados de los AMA de 2018, los EMA de 2022 y la aparición sorpresa en el concierto del grupo 1975 en Londres en 2023; o el estilo bohemio *casual* de *Midnights* y el videoclip de «Anti-Hero».

Los fans clasifican el estilo de Taylor por su «era», el disco contemporáneo a los *looks*. Los largos rizos dorados y vestidos ligeros del álbum debut (que completaba, por supuesto, con botas de *cowboy*). Los brillantes vestidos de princesa de la era *Fearless*. El estilo retro en tonos escarlata de *Red*. El aire de modelo recién salida de una sesión de fotos de *1989*. Y el *cottagecore* de *Folklore* y *Evermore*.

Hasta cierto punto, estas generalizaciones son acertadas: «Si miro una foto antigua sé decirte, más o menos, de qué año es, —aseguró Swift a *Vogue* en 2016—. Pasar por fases diferentes es una de las cosas que más me gustan de la moda. Me encanta cómo puede marcar el paso del tiempo. En ese sentido, es algo parecido a mi música: todo ayuda a identificar en qué momento de mi vida me encontraba».

8

El número de *outifts* que llevaba Taylor en cada concierto de la gira Reputation.

El cambio de estilo más radical se produjo cuando se mudó a Nueva York. Cada día había *paparazzis* delante de su puerta, esperando para hacer una foto de la estrella que pudieran vender. Y no los decepcionaba: cada día hacía de las calles de Nueva York, como muchas otras antes que ella, una auténtica pasarela. Se hizo con un montón de bolsos de diseño que harían que a cualquiera se le cayera la baba y creó su propia versión del estilo *preppy*: gorros de lana, abrigos de paño, medias y *tweed*, *tweed*, y más *tweed*.

Y gracias a su «squad» de amigas modelos, entre las que se encuentran Gigi Hadid, Cara Delevingne y Martha Hunt, entre otras, incorporó prendas de diseño a sus *looks* diarios. Era, sin duda, un cambio de estilo. Las botas de *cowboy* pasaron a mejor vida.

En el sector de la moda, puede que la cita más importante del año sea la gala benéfica del Costume Institute, más conocida como la Met Gala, que se celebra en el Museo Metropolitano de Arte de Nueva York. Taylor ha asistido en seis ocasiones, lo que dota de credibilidad a su gusto. Su primera vez fue en 2008. En consonancia con el tema, los superhéroes, se vistió de dorado con un *slip dress* de lentejuelas de la firma Badgley Mischka. En 2010, cuando la gala se convirtió en una celebración de las mujeres estadounidenses, el icónico diseñador estadounidense Ralph Lauren fue el encargado de confeccionar su vestido. El vestido de J. Mendel que lució en 2011, cuando la gala recibió el nombre «Alexander McQueen: Savage Beauty» (Alexander McQeen: belleza salvaje), mostró una evolución en su estilo; seguía siendo romántica y recatada, pero el vestido con capas tenía más matices y ma-

HITSTORIA: «Cardigan»

Aunque muchas de las canciones de Taylor hablan sobre su peculiar estilo, ninguna utiliza la moda como metáfora mejor que «Cardigan», de su disco de 2021 *Folklore*. «La canción habla de una historia de amor perdida y de por qué nuestras relaciones de juventud se nos graban así en la memoria. De por qué dejan una huella tan indeleble», dijo en una ronda de preguntas en Twitter en 2020. Aquí, Taylor se refería a la historia de los personajes del disco: Betty, James e Inez. Hay fans que la han interpretado de otra forma; la consideran una canción de agradecimiento a los fans y la escuchan como tal. Y es que frases como «And when I felt like I was an old cardigan under someone's bed / You put me on and said I was your favorite» (Y cuando me sentí como un cárdigan viejo bajo la cama / Tú te me pusiste y dijiste que era tu favorita) bien podrían aludir a la lealtad de sus fans en los buenos y malos momentos.

Taylor en la Met Gala de 2013, «PUNK: Chaos to Couture» (PUNK: del caos a la alta costura).

«Bleachella»: con el pelo decolorado, Taylor posa para la prensa en la 64 edición de los premios BMI Pop en 2016.

durez. Volvió a vestir J. Mendel en 2013, cuando se celebró la estética *punk*; los ojos intensamente maquillados con *kohl* negro y los labios en tono *nude* completaban el *look*. En 2014 volvió a sus raíces románticas. Lució un precioso vestido rosa palo de Óscar de la Renta con una espectacular cola que remitía a sus influencias del Hollywood clásico. En 2016 fue una de las anfitrionas de la gala, llamada en esta ocasión «Manus x Machina: Fashion in an Age of Technology» (Manus x Machina: Moda en la era tecnológica). Su *look* conceptual, un conjunto de Louis Vuitton inspirado en *Blade Runner* con el pelo rubio platino y los labios pintados de negro, fue muy aplaudido.

Como dice de sí misma en su canción «Bejeweled», sabe sacarse partido. Pero está igual de cómoda en chándal y camiseta, sobre todo si llevan un estampado de gatos, como pueden atestiguar los swifties más observadores. Como nos pasa a la mayoría, es más probable verla en pantalones cortos y una sudadera que con un vestido de gala. Para Taylor, lo más importante es estar cómoda, sea cual sea la ocasión. «Es importante que me sienta cómoda con lo que llevo puesto, —declaró a la revista *ASOS*—. Estar cómodo significa que nadie me va a hacer una foto que les parecerá vergonzosa. No quiero llevar algo tan corto que vaya a estar todo el tiempo con miedo a que se me vea algo, o que aparezca una foto mía en la que se me vayan cayendo los pantalones o la falda.»

> «La moda es experimentación y diversión. Si no te horrorizan algunos de tus antiguos *looks*, es que no lo estás haciendo bien. Un claro ejemplo: "Bleachella".»
>
> **TAYLOR PARA *ELLE***

«El estilo es una cuestión personal; es una expresión individual», escribió una vez en Twitter.

A Taylor siempre le ha divertido jugar con la moda. No hay más que ver sus videoclips, en los que se disfraza constantemente; de hecho, en una misma sesión puede llegar a transformarse en varios personajes. Sus seguidores también saben lo mucho que le gustan las fiestas de disfraces.

En última instancia, la ropa forma parte de su trabajo. Como declaró a *Esquire* en 2014: «La música es lo único que siempre me ha sentado tan bien como ese *little black dress* que te pones cada vez que sales». •

CINCUENTA SOMBRAS DE TAY

Taylor ha pisado un buen número de alfombras rojas y lucido prácticamente todos los tonos imaginables. Aquí tienes un resumen de algunos de sus mejores *looks*, en todos los colores del arcoíris.

Vestida de The Blonds (2022)

Vestida de Saint Laurent, IRO y Kat Maconie (2019)

Vestida de Elie Saab (2012)

Vestida de Elie Saab
(2015)

Vestida de Roberto Cavalli
(2023)

Vestida de Raisa & Vanessa
(2022)

Vestida de Jenny Packham
(2010)

Capítulo diez

TRIUNFADORA

En 2013 Taylor ganó la friolera de ocho Billboard Music Awards por *Red*.

TRIUNFADORA

Taylor dice de sí misma que se atreve con todo, y no hay faceta de su carrera en la que no participe: canta, compone y produce. ¡Hasta dirige sus videoclips! Es una hazaña impresionante que, teniendo en cuenta su éxito sin precedentes, no deja de ser asombrosa.

La lista de superlativos que la describen no cabe en este libro, ni deja de crecer. Así que hemos recopilado un resumen de algunos de sus principales logros a 2024.

Premios Grammy: 58 nominaciones, 14 premios. Entre ellos se incluyen cuatro premios al álbum del año y seis nominaciones a la canción del año. En la gala de estos premios, en 2023, anunció su siguiente álbum que se publicaría en abril de 2024: *The Tortured Poets Department*.

14

Hasta 2024, Taylor ha recibido 58 nominaciones a los Grammy y ha ganado 14. Es una de las artistas femeninas más galardonadas de la historia de estos premios. También es la única solista femenina que ha ganado el álbum del año en cuatro ocasiones, por *Fearless*, *1989*, *Folklore* y *Midnights*.

MTV Video Music Awards: 58 nominaciones y 14 premios, cuatro de ellos al vídeo del año: «You Belong with Me», «Bad Blood», «All Too Well (10 Minute Version)» y «AntiHero». Sus 14 victorias la convierten en la cuarta artista más galardonada en la historia de este premio.

American Music Awards: Taylor es la artista más premiada de todos los tiempos en los AMA con 40 victorias, 7 de ellas a artista del año.

Billboard Music Awards: Taylor tiene 25 de estos premios, la segunda persona más laureada de la historia de *Billboard*, solo por detrás de Drake.

Country Music Awards: aunque ya no se la considere una artista *country*, sigue recibiendo la atención de la Asociación de Música Country, que la nominó por la regrabación de un tema de *Red*, en la que colabora Chris Stapleton. Taylor tiene 10 premios CMA, la mayor distinción de la música *country*.

En 2019, Taylor fue la primera mujer a la que *Billboard* distinguió como «Mujer de la Década». Se refirieron a ella como «una de las artistas más consumadas de todos los tiempos». Cuando anunciaron el galardón, escribieron lo siguiente: «Swift ha alcanzado innumerables logros profesionales [...] Pero también reconocemos a la cantautora por su compromiso con la protección de los derechos creativos, la formación musical, los programas de alfabetización, la investigación del cáncer, la ayuda en catástrofes y la

Capítulo diez

TRIUNFADORA

Taylor trabaja tanto que a veces parece que sea tres personas.

iniciativa Time's Up». La Nashville Songwriters Association International la nombró Artista/Compositora de la Década y los AMA, Artista de la década.

Ha recibido asimismo el reconocimiento de varias organizaciones sin ánimo de lucro por su compromiso. Su defensa de los derechos LGTBIQ le valió el premio Vanguard de GLAAD, así como un premio Icon de Attitude. «Todos deberían poder vivir su historia de amor sin miedo a la discriminación», afirmó en su discurso de agradecimiento.

Taylor ha dirigido nueve de sus videoclips, entre ellos «ME!», «Anti-Hero» y «The Man» en el que, vestida de hombre, responde a su propia pregunta musical viviendo lo que se sentiría al caminar por el mundo como un hombre.

Taylor se puso detrás de la cámara para dirigir el corto que acompaña a la versión de 10 minutos de «All Too Well», el tema de *Red* que se ha convertido en uno de favoritos de los fans y que nunca se llegó a publicar como sencillo. El cortometraje se estrenó en el prestigioso Festival de Cine de Tribeca y *NME* escribió que «pone de relieve el poder emocional de la narrativa [de Swift]. Esto se debe en gran medida a la interpretación eléctrica de Sadie Sink, de *Stranger Things*, y Dylan O'Brien, de *Maze Runner*, pero no habría sido posible sin la vulnerable creatividad de la propia compositora, que también escribió la historia del corto». En 2023 Taylor ganó un Grammy por su dirección del vídeo.

Es posible que esta abrumadora respuesta positiva empuje a Taylor a seguir soñando: «Sería fantástico escribir y dirigir [...]

¡A POR EL EGOT, TAYLOR!

Taylor ha ganado innumerables premios musicales. Pero ¿será capaz de sumarse a las filas de los EGOT (acrónimo, surgido de la serie de televisión *Rockefeller Plaza*, para referirse a quien ha ganado un Emmy, un Grammy, un Oscar y un Tony)? De momento, ya tiene catorce Grammys y un Emmy por su trabajo en *AMEX Unstaged: Taylor Swift Experience.* Colaboradora en el cine de forma habitual, quizás algún día componga un tema que se haga con el Óscar a la mejor canción original. Además, ya ha demostrado su valía en los musicales, como demuestra su participación en *Cats*, de Andrew Lloyd Webber. ¿Podría llegar a recibir un Tony por un posible trabajo en Broadway?

un largometraje, —dijo Taylor a *Variety* en 2022—. Pero no creo que lo hiciera más grande en cuanto a la escala. Me encantó hacer una película tan íntima». No hay duda de que lo íntimo es su especialidad.

Taylor también se ha puesto delante de la cámara y ha incursionado en la actuación. Tuvo papeles de invitada en las series *CSI* y *New Girl* y también apareció en películas como *Historias de San Valentín, The Giver* y *Ámsterdam* (2022), de David O. Russell. También se lució en la adaptación cinematográfica de *Cats*, el musical de Andrew Lloyd Webber, en el que su personaje, Bombalurina, interpreta «Macavity the Mystery Cat». En el 2023 la revista *Time* la nombró Persona del año.

Dada su trayectoria hasta el momento, ¿quién sabe que le depara el futuro? Cuando habla de él, ha llegado a decir que quizá deje de interpretar sus temas y se dedique a escribir canciones para otros artistas. Si hay algo que Taylor haya demostrado es que no le faltan determinación ni capacidad de reflexión, y que está decidida a dar lo mejor de sí misma. Así que, sea lo que sea lo que se proponga, lo más probable es que lo consiga. •

HITSTORIA: «Blank Space»

Es una de sus canciones más populares de todos los tiempos, un tema de lo más pegadizo que se mantuvo durante siete semanas en el número 1 de las listas *Billboard* (su récord hasta que «Anti-Hero» lo batió en 2022). Taylor nunca pensó que haría una canción como esta, pero la situación la llevó a hacerlo. «La empecé a componer en broma, —declaró en la emisora SiriusXM en 2014—. Pensaba en cómo los medios de comunicación han hablado largo y tendido de cómo se imaginan mi vida personal. Y pensé en lo complejo e interesante que sería ese personaje si fuera una chica de verdad y en el tipo de canciones que compondría.» ¿Quién dijo que nunca podría salir nada bueno de la prensa amarillista?

Vestida de Óscar de la Renta en el estreno de *Cats*, en 2019.

«Componer es una vocación, y hacer carrera de ella, una fortuna. Hay que estar agradecido cada día, y mostrar el agradecimiento a aquellas personas que pensaron que escuchar lo que salía de ti merecía la pena.»

TAYLOR EN 2022